权威·前沿·原创

皮书系列为
"十二五""十三五""十四五"时期国家重点出版物出版专项规划项目

智库成果出版与传播平台

就业蓝皮书
BLUE BOOK OF EMPLOYMENT

2024年中国本科生就业报告

CHINESE 4-YEAR COLLEGE GRADUATES' EMPLOYMENT
ANNUAL REPORT (2024)

主　编／麦可思研究院

社会科学文献出版社
SOCIAL SCIENCES ACADEMIC PRESS (CHINA)

图书在版编目(CIP)数据

2024年中国本科生就业报告 / 麦可思研究院主编;
王伯庆, 王梦萍执行主编. -- 北京：社会科学文献出版
社, 2024.6
　（就业蓝皮书）
　ISBN 978-7-5228-3746-8

Ⅰ.①2… Ⅱ.①麦… ②王… ③王… Ⅲ.①本科生
-就业-研究报告-中国-2024　Ⅳ.①G647.38

中国国家版本馆CIP数据核字（2024）第109879号

就业蓝皮书
2024年中国本科生就业报告

主　　编 / 麦可思研究院
执行主编 / 王伯庆　王梦萍

出 版 人 / 冀祥德
责任编辑 / 桂　芳
责任印制 / 王京美

出　　版 / 社会科学文献出版社・皮书分社（010）59367127
　　　　　　地址：北京市北三环中路甲29号院华龙大厦　邮编：100029
　　　　　　网址：www.ssap.com.cn
发　　行 / 社会科学文献出版社（010）59367028
印　　装 / 三河市东方印刷有限公司

规　　格 / 开　本：787mm×1092mm　1/16
　　　　　　印　张：15.75　字　数：241千字
版　　次 / 2024年6月第1版　2024年6月第1次印刷
书　　号 / ISBN 978-7-5228-3746-8
定　　价 / 128.00元

读者服务电话：4008918866

▲ 版权所有　翻印必究

就业蓝皮书编委会

研究团队 麦可思研究院

南方科技大学高等教育研究中心

主　　编 麦可思研究院

执行主编 王伯庆　王梦萍

撰稿人 曹　晨　王　丽　王昕伦　谌　超

学术顾问（按姓名拼音字母排序）

别敦荣　厦门大学教育研究院院长

陈　宇　国家教育咨询委员会委员

储朝晖　中国教育科学研究院研究员

管远志　北京协和医学院教育研究与发展中心主任

韩　蔚　南方科技大学高等教育研究中心研究教授

胡瑞文　国家教育咨询委员会委员

李海峥　中央财经大学中国人力资本与劳动经济研究中心主任

汤　敏　国务院参事室参事

王辉耀　国务院参事室参事 / 中国与全球化研究中心主任

邬大光　中国高等教育学会常务理事 / 厦门大学教授

叶之红　中国高等教育学会前副秘书长

叶志明　中国高等教育学会大学教学研究分会副理事长

查建中　教育部新工科建设工作组成员

周光礼　中国人民大学教育学院教授

摘 要

《2024年中国本科生就业报告》综合分析了2023届本科毕业生的就业状况，揭示了在就业市场总量压力下，毕业生就业选择的多元化和灵活化趋势。报告基于应届毕业生和毕业中期的跟踪评价，深入探讨了本科生的毕业去向、就业结构、就业质量、职业发展、升学情况、灵活就业、能力达成、对学校的满意度等多个维度。

首先，报告显示，面对毕业生规模的新高和宏观经济增速的放缓，2023届本科毕业生的就业选择趋向灵活化和多元化。随着"考研热"的降温，境内读研比例增速放缓至17.6%，而留学比例回升至1.7%。灵活就业成为新趋势，比例上升至5.1%，尤其是互联网创业的比例显著增长。毕业生返乡和下沉市场就业趋势显著，中西部地区和地级城市及以下的就业比例持续上升。在高端装备制造业的稳步发展中，对数字技术工程技术人员的需求增长至4.7%，显示出制造业高端化、智能化转型对人才的吸引力。中小微民企的就业吸纳比例回升至31%，其中装备制造领域的占比持续上升。

其次，报告深入分析了本科毕业生的就业质量和职业发展状况。2023届本科毕业生月收入达到6050元，超过城镇居民月均可支配收入，与2019届相比实际涨幅为5.2%。工学毕业生以6709元的起始月收入位居各学科之首。律师职业薪资增长潜力最大，毕业五年后，律师职业月收入涨幅可达到178%，而民营企业薪资增长潜力也不容忽视，涨幅达138%。本科毕业生的就业满意度提升至78%，反映出政府和学校就业指导、职业规划服务和就业政策的成效。2018届本科生毕业五年后，"双一流"院校毕业生晋升机会较

001

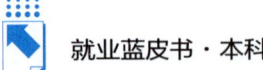

多，晋升比例为63%，平均晋升次数为1.0次。此外，毕业生的离职率维持在一个相对稳定的水平，但因薪资福利偏低、工作压力大而离职的比例均有上升，对职场健康发展问题需给予更多关注。

最后，报告聚焦于人工智能和小学教育领域的人才培养，分析其与重点产业、社会民生重要领域发展需求的契合度。人工智能专业人才需求激增，但人才培养与行业需求之间存在显著错位。高校在AI人才培养上面临诸多挑战，需要加强产教融合、更新课程内容、增强实践教学，并提升学生的创新和学术研究能力。同时，小学教育领域面临教师供给过剩的挑战，但城乡之间小学教育师资需求存在较大差异，小学教育人才培养需更好地匹配不同地区、不同学科的用人需求，同时也需提升教师培养质量，特别是要加强实践教学和教学能力培养，以适应教育发展的新要求。

关键词： 本科毕业生　就业多元化　人才培养　人工智能　小学教育

目 录

Ⅰ 总报告

B.1　2023年本科毕业生就业发展趋势与成效 …………………… 001

Ⅱ 分报告

B.2　2023年本科生毕业去向分析 ………………………………… 009
B.3　2023年本科毕业生就业结构分析 …………………………… 028
B.4　2023年本科毕业生收入分析 ………………………………… 046
B.5　2023年本科毕业生就业满意度分析 ………………………… 089
B.6　2023年本科毕业生职业发展分析 …………………………… 106
B.7　2023年本科毕业生读研和留学分析 ………………………… 127
B.8　2023年本科毕业生灵活就业分析 …………………………… 146
B.9　2023年本科毕业生能力分析 ………………………………… 153

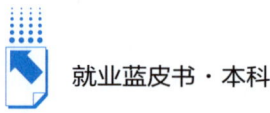

B.10 2023年本科毕业生对学校的满意度分析 …………… 177

Ⅲ 专题报告

B.11 2023年本科人工智能人才供给与培养分析 …………… 192
B.12 2023年生源下降背景下小学教育供给与人才培养分析 …… 206

附 录

技术报告 ……………………………………………………… 218

致 谢 ……………………………………………………… 224

Abstract ……………………………………………………… 225
Contents ……………………………………………………… 228

皮书数据库阅读**使用指南**

总报告

B.1
2023年本科毕业生就业发展趋势与成效

摘　要： 面对就业市场的总量压力，2023届本科毕业生就业趋势更多元化和灵活化。"考研热"降温，境内读研比例增速放缓至17.6%，全职备考的比例下降，而留学比例回升至1.7%。灵活就业成为新趋势，比例上升至5.1%，尤其是互联网创业的比例显著增长。在就业结构方面，毕业生返乡和下沉市场就业趋势显著，中西部地区、地级城市及以下的就业比例持续上升。高端装备制造业的稳步发展为毕业生提供了新的就业机遇，特别是对数字技术工程技术人员的需求增长至4.7%。中小微民企的就业吸纳比例回升至31%，其中装备制造领域的占比持续上升。人工智能和小学教育领域人才培养需更好地与实际用人需求相匹配，以适应社会和产业的发展需求。

关键词： 应届本科毕业生　就业多元化　就业下沉　中小微民企　人才供需匹配

麦可思自 2007 年开始进行大学毕业生跟踪评价，并从 2009 年开始根据评价结果每年出版"就业蓝皮书"，迄今已连续 16 年出版"就业蓝皮书"。本报告基于应届毕业半年后、毕业三年后、毕业五年后的跟踪评价数据，分析本科毕业生的就业发展趋势与成效，回应政府、媒体、本科院校师生以及社会大众关注的问题，并为本科人才培养的持续改进提供参考建议。

一 应届本科毕业生就业去向多元化

继 2022 年高校毕业生规模首次突破千万大关后，2023 年毕业生规模再创新高。面对就业市场的总量压力，2023 届本科毕业生就业趋势呈现更加多元化和灵活化的特点。

（一）"考研热"降温，境内读研比例增速放缓

应届本科毕业生读研选择趋于理性。随着我国研究生培养规模的不断扩大和近年来毕业研究生求职竞争压力的增大，应届本科毕业生境内读研比例增速放缓，2023 届为 17.6%，与上一届（17.9%）[1]基本持平，这在一定程度上反映出本科毕业生在读研选择上更加趋于理性。当然值得关注的是，盲目读研或"逃避式读研"的情况依然存在，2023 届毕业生因就业难暂时读研、随大流而读研的比例（分别为 25%、8%）相比前两届有所上升。

考研失利风险高，毕业生全职备考比例下降。2023 届本科毕业生选择不工作、全职准备境内考研的比例（5.6%）相比 2022 届（6.7%）出现明显下降。随着考研竞争的日益激烈，毕业生初次考研失利的情况增多，2023 届正在准备考研的毕业生中，有八成已经参加过研究生考试，初次考研失利主要是由于初试总分未达到录取线。此外，多次考研的成功率持续下降，毕业后准备考研的本科生中，三年内成功考上的比例从 2018 届的 43.1% 下降至 2020 届的 39.9%。较高的失利风险也促使毕业生在选择是否全职备考时更加谨慎。

---

[1] 解读中提到的往届数据，均出自相应年份的《中国本科生就业报告》。

（二）留学市场逐步回暖，留学比例开始回升

应届本科毕业生出国、出境留学的比例开始回升。 2023届本科毕业生留学比例为1.7%，高于2021届、2022届（分别为1.2%、1.3%）。从不同院校类型来看，"双一流"院校毕业生留学比例回升更为明显，2023届（3.5%）比2022届（2.8%）高了0.7个百分点。

学成归国是多数留学生的选择。 通过2018届本科毕业后留学群体的反馈可知，五年内有76%的人选择回国，与2017届同期（77%）基本持平，这也反映了海外学子对国内市场的信心以及对国内发展机会的重视。

（三）灵活就业和新形态创业占比上升

应届本科毕业生灵活就业的群体增多。 2023届本科毕业生中，有5.1%的人在毕业半年后选择了灵活就业，相比2022届（4.6%）有所上升。灵活就业包括受雇半职工作、自由职业和自主创业等形式，其中依托互联网平台、数字技术的新形态就业创业为毕业生提供了更多选择与发展路径。具体来看，2023届本科毕业生选择受雇半职工作、自由职业的比例分别为1.5%、2.2%，这两类群体就业方式属于依托互联网平台的新就业形态的比例为32%，比2021届（30%）高了2个百分点；选择自主创业的比例为1.4%，其中创业形式为"互联网创业"的比例为22%，比2021届（16%）高了6个百分点。这反映了数字技术的发展为毕业生提供了更多的选择和发展机会，也反映了就业市场的多元化和创新趋势。

（四）公务员和事业编考试备考人数持续增长

2023届本科毕业生中，准备公务员、事业单位公开招录考试的比例为1.8%，五年内翻了一番多。这说明，在就业选择上，毕业生既追求灵活性和创新性，也注重稳定性和长期发展。备考公务员或事业编的人数增长，反映了一部分毕业生对于稳定职业的追求。

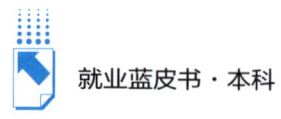

二 区域均衡与产业升级促进就业多样化

毕业生的就业流向也呈现更加多元化的特点，中西部地区、地级城市及以下成为越来越多毕业生的选择。与此同时，在数字技术的创新驱动下，高端装备制造业稳步发展，为毕业生就业提供了新的选择。此外，中小微民企对毕业生的吸纳力有所回升，这也为毕业生提供了更多的就业选择和职业发展机会。

（一）更多毕业生选择返乡和下沉市场就业

毕业生在中西部就业的比例呈上升趋势，更多人选择返乡就业。 从毕业生的就业区域流向来看，东部地区依然是首选，2023届毕业生在东部地区就业的比例（51.1%）超过50%，但相比2019届（55.2%）呈下降趋势；在西部地区、中部地区就业的比例进一步上升，分别从2019届的23.1%、17.7%上升至2023届的25.0%、20.1%。伴随着区域均衡发展的推进以及毕业生就业观念的转变，更多人选择返乡就业（即在家乡所在省份就业，下同）。2023届在中部地区就业的毕业生中，近九成（87%）属返乡就业；在西部地区就业的毕业生这一比例为80%。

毕业生就业重心进一步下沉至地级城市及以下。 从毕业生的就业城市类型选择来看，在直辖市、副省级城市就业的比例均呈下降趋势，分别从2019届的16%、31%下降至2023届的12%、27%；在地级城市及以下就业的比例从2019届的53%上升至2023届的61%，可见毕业生的就业重心进一步下沉。教育、行政等领域是吸纳毕业生在地级城市及以下就业的主体，其中毕业生在政府及公共管理服务机构就业的比例呈上升趋势，从2019届的8.2%上升至2023届的10.0%，这为基层治理和公共服务提供了更多支撑。

（二）数字技术驱动高端装备制造业就业增长与质量提升

高端装备制造业需求持稳，对数字技术工程技术人员的需求稳步增长。 在以往毕业生就业量较大行业整体需求疲软的情况下，电子电气设备、机械设备、交通运输设备等高端装备制造领域需求持稳，2023届毕业生在上述领域就业的比例分别为6.4%、3.1%、1.7%。值得关注的是，伴随着制造业的优化升级，上述领域对于数字技术工程技术人员（如集成电路工程技术人员、大数据工程技术人员、智能制造工程技术人员等）的需求稳步增长，在上述领域就业的毕业生中，从事数字技术工程技术相关职业的占比从2019届的3.2%上升至2023届的4.7%。

在高端装备制造业就业的毕业生就业质量优势明显。随着智能设备、新能源装备等领域的快速发展，电子电气设备制造业对专业技术人才的需求增加，这一点在薪资水平上得到了体现。2023届在电子电气设备制造业就业毕业生的月收入达到7153元，已反超信息传输、软件和信息技术服务业（6915元）位列第一。此外，交通运输设备制造业的月收入也持续增长，2023届达到6763元，位列第三，这与新能源汽车产业的快速发展密切相关。随着工作年限的增加，上述领域薪资涨幅较大（2018届毕业五年后薪资涨幅分别为141%、150%），且毕业生能够获得较强的从业幸福感（2018届毕业五年后就业满意度均为82%）。

（三）民企、中小微企业吸纳力增强，其中装备制造业是毕业生就业增长点

民营企业、中小微企业均是吸纳毕业生就业的主体。结合就业单位类型与规模来看，2023届毕业生在中小微民企就业的比例为31%，比2022届（28%）高了3个百分点。进一步从中小微民企所在行业的构成来看，它在装备制造领域的占比持续上升，从2019届的7.2%上升至2023届的10.0%。具有较强灵活性和创新力的中小微民企是装备制造产业链的重要组成部分，伴随着高端装备制造业的稳步发展，这类企业能够为毕业生就业提供更多选择。

三 产教深度融合，提升AI专业人才实践与创新能力

人工智能技术的快速发展正引领科技革命和产业变革，尽管高校AI专

业布点增多，我国在 AI 人才培养方面仍处于起步阶段，毕业生供给跟不上市场需求，亟须教育体系与产业发展需求更紧密对接，以提升人才培养质量和效率。

AI 领域中高端技术岗位面临供需失衡，高层次人才存量不足。计算机和电子信息类专业的毕业生是目前 AI 岗位人才的主体。数据显示，2021~2023 届从事"AI 工程技术人员"职业的本科毕业生中，超过四成（41.1%）来自计算机类专业，其次是电子信息类专业（12.1%）。此外，AI 核心岗位如算法研究和应用开发，普遍要求研究生学历，占比超过 40%。2018 届本科生毕业五年后从事"AI 工程技术人员"的比例为 1.5%，其中 78% 的人为研究生学历。对于技术方向岗位，如机器学习、自然语言处理等，研究生学历成为常态要求，但这些岗位的人才供需比偏低，反映出高层次 AI 专业人才的紧缺现状。

人才培养与岗位需求之间存在错位。计算机类专业 2023 届毕业生的就业质量有所下降，表现在毕业去向落实率、月收入和工作与专业相关度均出现下降，其中从事工作与专业不相关的毕业生中，有 22% 的人是因为能力达不到相关岗位要求，这一比例高于工科专业平均水平（13%）。同时，互联网行业的岗位结构正在优化，对本科生的技术岗位需求减少，而对数字技术工程技术人员的需求增加，这表明岗位对技术能力和学历的要求正在提升。此外，AI 人才需要根据不同类型高校的定位和优势进行分类分层培养，以适应人工智能发展对人才的多样化需求。

应用型院校需更加注重工程实践培养。从电子信息类、计算机类专业 2023 届本科毕业生的反馈情况来看，其电脑编程能力满足度（分别为 77%、81%）、疑难排解能力满足度（分别为 83%、85%）均低于全国本科毕业生平均水平，这反映了培养过程中技术技能、工程实践不足的情况较为普遍。此外，课程教学与实际工作需求存在脱节，计算机类、电子信息类专业 2023 届本科毕业生认为"课程内容不实用或陈旧"的比例（分别为 48%、41%）均较高。对于培养应用型人才的院校而言，人工智能人才培养需紧密对接地方产业需求，并特别注重增强教学的实践性和应用性，以帮助学生更好地适应就业市场。

研究型院校需更加注重创新培养。人工智能领域对从业者学历要求更高，特别是其中的中高端技术岗位，往往需要研究生学历。从"双一流"院校电子信息类、计算机类专业升学毕业生的反馈情况来看，其学术能力掌握水平（2023届分别为57%、56%）仍偏低，研究、创新能力不足；此外，产学研融合仍不充分，这两类专业毕业生中，分别有46%、48%的人认为教学过程中基于问题、项目、案例的探究性学习方式太少。人工智能专业是一个新兴的交叉学科，其专业建设正处于探索期，师资队伍、教材、课程体系、实践体系等方面的建设仍需加强，教育模式仍需创新。

四 优化小学教育人才培养以适应新时代教育需求

小学教育是本科生特别是本科师范生主要服务面向的领域。伴随着2016年之后出生人口数的持续下降，未来一段时间小学阶段适龄人口规模也将相应缩小，小学专任教师规模过剩的情况无法避免。本科师范类专业需在这一背景下做好供需平衡，并有针对性地完善人才培养环节以更好地匹配小学教育事业发展的新要求。

基于规模和区域性波动，做好教育供需的精准匹配。城乡之间小学教育师资需求存在较大差异，城区小学的生师比持续在21∶1以上，可能面临教师短缺的压力较大；乡村地区伴随着城镇化的快速推进与人口的不断外流，出现了教师相对过剩的情况，乡村小学生师比从2018年的15.5∶1下降至2022年的13.5∶1。不同地区之间小学教育的资源配置仍需进一步均衡。

小学教育需强化素质教育，培养全科型教师。近五年来，素质教育课程数量占比从2018年的25.5%增长至2022年的28.5%，体育与健康、综合实践活动的增长尤为显著。这一趋势与《关于实施新时代基础教育扩优提质行动计划的意见》中提出的教育目标相契合，该计划强调通过构建"大思政课"体系和加强科学与文化素质培养来促进学生全面发展。同时，义务教育阶段体育、艺术和劳动技术课程的教师数量显著增长，与10年前相比，增长率分别为55.4%、52.3%和18.3%，显示出教育质量的持续提升和国家对这些课程

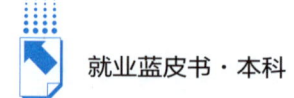

的重视。为更好地适应小学素质教育发展的要求，必须关注相关师范专业的人才培养结构及培养体系调整，小学教育专业应致力于培养全面发展的优秀教师。

需加强实践教学，构建协同培养机制以提升教师专业能力。2023届在小学从教的本科毕业生认为实践教学层面亟待改进，不管是对教学的反馈还是对课程内容的反馈均集中在实习实践不足上，改进的比例均在六成左右。特别是在非师范院校中，毕业生对课程内容的更新和学生兴趣的调动表达了更高的改进需求。教学能力被视为最需要通过实践教学加强的领域，其次是组织管理能力。为了提高教师培养质量，我国正在构建高校、地方政府和小学三方协同的培养机制，如首都师范大学的教师发展学校和东北师范大学的"UGS"模式等。然而，这些模式在推广中仍面临协同意识不足和缺乏成熟考核机制的挑战。

分 报 告

B.2
2023年本科生毕业去向分析

摘　要： 2023年本科毕业生在毕业生规模创新高和宏观经济增速放缓的双重压力下，就业观念趋向多元化，特别是自由职业和自主创业比例上升，而考研意愿减弱，准备考研的比例下降。总体来看，本科毕业生毕业半年后的毕业去向落实率（86.4%）较上届略有提升，工科专业毕业生因制造业高端化、智能化转型以及新型能源体系建设，其毕业去向落实率（89.4%）较高。"双一流"院校毕业生考研比例增至42.3%，反映出教育政策和区域发展战略的积极效应。东部地区继续提供丰富的就业机会，而中西部地区的发展也给毕业生就业带来新机遇。

关键词： 就业观念　灵活就业　毕业去向落实率　工科专业　本科生

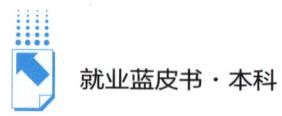

一　毕业去向分布

毕业半年后：2023届毕业生毕业第二年（即2024年）的1月前后。麦可思在此时展开跟踪评价。此时毕业生的就业状况趋于稳定，有工作经历的毕业生也能够评估工作对自己知识、能力的要求水平。

毕业五年后：麦可思于2023年对2018届大学毕业生进行了五年后跟踪评价（曾于2019年初对这批大学毕业生进行过毕业半年后跟踪评价），本报告涉及的五年内的变化分析即使用两次对同一批大学生的跟踪评价数据。

毕业去向分布：麦可思将中国本科毕业生的毕业状况分为七类，即受雇工作、自由职业、自主创业、入伍、国内外读研、准备考研、待就业。其中，受雇工作包含受雇全职工作、受雇半职工作，受雇全职工作指平均每周工作32小时或以上，受雇半职工作指平均每周工作20~31小时。国内外读研包含正在我国内地读研、正在我国港澳台地区及国外读研、正在读第二学士学位。准备考研包含"无工作，准备境内读研""无工作，准备到港澳台地区及国外读研"。待就业包含"无工作，继续寻找工作""无工作，其他"。

院校类型：本报告在分析中，将本科院校类型划分为"双一流"院校和地方本科院校。其中**"双一流"院校**为第二轮"双一流"建设高校147所，**地方本科院校**为除"双一流"建设高校以外的其他普通本科院校。

继2022年高校毕业生规模首次突破千万大关后，2023年毕业生规模再创新高，就业总量压力较大。伴随着宏观经济增速放缓，毕业生去向落实难度增加。从应届本科院校毕业生的毕业去向来看，毕业生去向分布更加多元化。与2022届相比，2023届本科院校毕业生受雇工作的比例下降速度放缓，自由职业和自主创业增多，国内外读研比例增速放缓，准备考研比例明显下降（见表2-1）。这种趋势反映了当前就业市场的灵活性以及毕业生就业观念的变化。

2023年本科生毕业去向分析

表2-1 2019~2023届本科院校毕业生毕业半年后的去向分布变化

单位：%，个百分点

本科院校毕业生毕业去向分布	2023届	2022届	2021届	2020届	2019届	五年变化
受雇工作	62.0	62.2	65.3	67.7	71.9	-9.9
自由职业	2.2	2.0	1.7	1.7	—	—
自主创业	1.4	1.2	1.2	1.3	1.6	-0.2
入伍	0.5	0.5	0.4	0.3	0.2	0.3
国内外读研	20.3	20.1	19.2	18.0	17.4	2.9
准备考研	6.2	7.1	6.5	5.8	4.5	1.7
待就业	7.4	6.9	5.7	5.2	4.4	3.0

注1："自由职业"为2020届新增选项，下同。
注2：五年变化是指2023届的比例减去2019届的比例，下同。
资料来源：麦可思－中国2019~2023届大学毕业生培养质量跟踪评价。

"双一流"院校是我国高等教育的领军者，其毕业生在国内外读研的比例较高，并且近年来呈现显著的增长趋势。2023届"双一流"院校毕业生的考研比例超过四成，达到42.3%，这一数据在近五年上升了7.5个百分点（见表2-2），反映出"双一流"院校在拔尖创新人才培养方面的定位得到了有效体现。随着国家对于科技创新和前沿领域研究投入的不断加大，我国自主培养的研究生正逐渐成为国家科技攻关和创新的中坚力量。

表2-2 2019~2023届"双一流"院校毕业生毕业半年后的去向分布变化

单位：%，个百分点

"双一流"院校毕业生毕业去向分布	2023届	2022届	2021届	2020届	2019届	五年变化
受雇工作	47.1	48.1	50.8	53.9	57.3	-10.2
自由职业	1.2	1.1	0.9	0.9	—	—

续表

"双一流"院校毕业生毕业去向分布	2023届	2022届	2021届	2020届	2019届	五年变化
自主创业	0.7	0.7	0.6	0.8	0.9	-0.2
入伍	0.3	0.2	0.3	0.4	0.4	-0.1
国内外读研	42.3	41.0	39.3	35.6	34.8	7.5
准备考研	4.7	5.7	5.4	5.7	4.4	0.3
待就业	3.7	3.2	2.7	2.7	2.2	1.5

资料来源：麦可思－中国2019~2023届大学毕业生培养质量跟踪评价。

地方本科院校毕业生毕业去向更加多元化。从具体数据来看，相较于2022届，2023届毕业生灵活就业增多，国内外读研和准备考研比例下降（见表2-3），待就业的毕业生除了正在找工作外，近半数都在准备公务员、事业单位招录考试，在毕业生总人数中的占比相较2019届翻了一番多。上述情况反映了毕业生就业选择的变化，他们更愿意尝试不同的工作模式、追求工作与生活的平衡。

表2-3 2019~2023届地方本科院校毕业生毕业半年后的去向分布变化

单位：%，个百分点

地方本科院校毕业生毕业去向分布	2023届	2022届	2021届	2020届	2019届	五年变化
受雇工作	65.0	65.1	68.2	70.4	74.8	-9.8
自由职业	2.5	2.2	1.9	1.9	—	—
自主创业	1.5	1.3	1.3	1.4	1.7	-0.2
入伍	0.6	0.5	0.4	0.3	0.2	0.4
国内外读研	15.8	15.9	15.2	14.5	13.9	1.9
准备考研	6.5	7.4	6.7	5.8	4.6	1.9
待就业	8.1	7.6	6.3	5.7	4.8	3.3

资料来源：麦可思－中国2019~2023届大学毕业生培养质量跟踪评价。

随着离校时间的推移，毕业生的去向落实越来越充分。毕业五年后，本科院校毕业生充分就业，同时"双一流"院校毕业生仍在求学深造的比例相对较高，地方本科院校毕业生自主创业的比例相对较高。具体来看，2018届本科毕业生在毕业五年后受雇工作的比例近九成（87.2%）；"双一流"院校有9.7%的毕业生仍在读研，较2017届毕业五年后该比例（8.3%）进一步上升；地方本科院校有3.3%的毕业生选择自主创业（见图2-1），较2017届毕业五年后该比例（3.6%）略有下降，但相比自身半年后该比例（1.9%）有所上升。

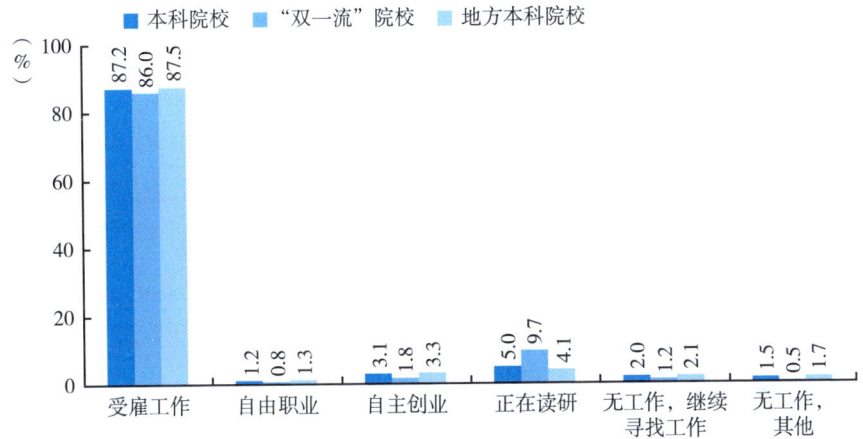

图2-1　2018届本科生毕业五年后的去向分布

资料来源：麦可思－中国2018届大学毕业生五年后职业发展跟踪评价。

二　毕业去向落实率分析

毕业去向落实率：本科生的毕业去向落实率＝已就业本科毕业生数/本科毕业生总数。其中已就业人群包括"受雇工作""国内外读研"等五类。

2023年经济的恢复发展为就业市场的稳定提供了支撑。数据显示，2023届本科院校毕业生毕业半年后毕业去向落实率为86.4%，相比2022届

（86.0%）小幅回升；"双一流"院校、地方本科院校毕业生的毕业去向落实率分别为91.6%、85.4%（见图2-2）。在持续攀升的毕业生规模和宏观经济增速放缓的双重挑战下，政府、高校、企业仍需持续提供职业指导、就业服务、创业支持等，以帮助毕业生更好地适应市场需求、实现高质量发展。

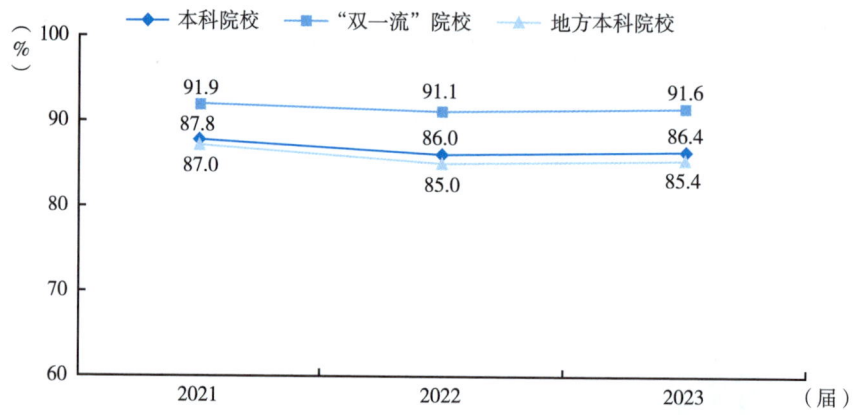

图2-2　2021~2023届本科生毕业半年后的毕业去向落实率变化趋势

资料来源：麦可思－中国2021~2023届大学毕业生培养质量跟踪评价。

区域：本研究基于国家统计局东、中、西部和东北地区划分标准，将中国内地31个省、自治区和直辖市分为四大地区，其中**东部地区**包括北京、天津、河北、上海、江苏、浙江、福建、山东、广东、海南10个省（市）；**中部地区**包括山西、安徽、江西、河南、湖北、湖南6个省；**西部地区**包括内蒙古、广西、重庆、四川、贵州、云南、西藏、陕西、甘肃、青海、宁夏、新疆12个省（区、市）；**东北地区**包括辽宁、吉林、黑龙江3个省。

三大经济区域：京津冀、长三角、珠三角地区是我国主要的人口聚集地和经济社会发展的重要引擎和增长极，对高校毕业生就业具有重要保障作用，本研究将其单独列出分析。

从不同地区来看，东部地区本科院校学生毕业半年后的毕业去向落实率较高，2023届为87.2%；东部地区整体经济发展水平较高，且优质高等教育资源集中,能够为毕业生求职或求学提供较多选择。西部地区本科院校学生毕业半年后的毕业去向落实率仅次于东部地区、位列第二,2023届为86.4%,比上一届高了0.5个百分点;西部地区经济整体增长较快(2023年地区生产总值相比上一年增长5.5%,高于其他区域),同时面向高校毕业生的基层就业项目较多,对毕业生就业具有支撑作用。中部地区本科院校2023届学生毕业半年后的毕业去向落实率(86.1%)较上一届回升了0.9个百分点;中部地区以湖北、湖南、安徽为代表,在"中部崛起"高质量发展的背景下逐步构建了以先进制造业为支撑的现代化产业体系,为毕业生在本地就业提供了助力;此外,中部地区优质高等教育资源也较为丰富,能够吸纳大量本科毕业生读研深造。东北地区本科院校学生毕业半年后的毕业去向落实率相对较低(见表2-4)。

表2-4 2021~2023届各区域本科院校学生毕业半年后的毕业去向落实率变化趋势

单位:%

各区域	2023届	2022届	2021届
东部地区	87.2	88.0	88.5
西部地区	86.4	85.9	87.7
中部地区	86.1	85.2	87.3
东北地区	83.6	84.4	87.1
全国本科	86.4	86.0	87.8

资料来源:麦可思-中国2021~2023届大学毕业生培养质量跟踪评价。

从三大经济区域来看,珠三角地区本科院校毕业生毕业半年后的毕业去向落实率保持在90%以上,2023届为90.3%;珠三角地区以广东为代表,其经济总量连续35年居全国首位,且民营经济活跃,对毕业生的吸纳能力较强,当然其特征鲜明的外向型经济容易受外贸形势影响,毕业生的毕业去向落实率有所波动。长三角、京津冀地区本科院校2023届学生毕业半年后的毕业去向落实率分别为89.3%、86.6%，相比2022届均有所回升（见表2-5）。长三角、京津冀地区"双一流"院校数量较多，升学氛围浓厚，本科毕业生读研人数较多；另外长三角地区经济总量、增速均较高且发展较为均衡，浙江、江苏、安徽2023年GDP增速（分别为6.0%、5.8%、5.8%）均高于全国平均水平，这为毕业生就业提供了有力支撑。

表2-5　2021~2023届三大经济区域本科院校学生毕业半年后的毕业去向落实率变化趋势

单位：%

三大经济区域	2023届	2022届	2021届
珠三角地区	90.3	90.7	91.9
长三角地区	89.3	88.9	91.3
京津冀地区	86.6	86.0	87.6
全国本科	86.4	86.0	87.8

资料来源：麦可思－中国2021~2023届大学毕业生培养质量跟踪评价。

学科门类：按照教育部的专业目录，本次跟踪评价覆盖了本科院校所开设的学科门类12个。

专业类：按照教育部的专业目录，本次跟踪评价覆盖了本科院校所开设的专业类92个。

专业：按照教育部的专业目录，本次跟踪评价覆盖了本科院校所开设的专业455个。

从不同学科门类来看，2021~2023届工学毕业生的毕业去向落实率持续高于其他学科门类，2023届为89.4%；教育学、农学、管理学紧随其后，2023届毕业去向落实率分别为87.7%、87.7%、86.9%；法学的毕业去向落实率相对较低，且呈下降趋势，2023届为77.7%（见表2-6）。工学门类包括了较多应用性强、与经济发展和产业升级紧密相关的专业，毕业生求职难度相对较低；此外工学研究生招生人数明显多于其他学科，且由其衍生的交叉学

2023 年本科生毕业去向分析

科（如人工智能、大数据、新能源、双碳等）是近年来研究生教育大力发展的方向，毕业生求学深造的机会也较多。法学毕业生主要面向领域的岗位供给相对固定，而相关专业毕业生规模较大[①]，容易出现供大于求的情况；另外，包括法学在内的人文社科类专业研究生报考竞争激烈，毕业生二次考研的现象较为普遍。

表 2-6　2021~2023 届本科各学科门类学生毕业半年后的毕业去向落实率

单位：%

本科学科门类名称	2023 届	2022 届	2021 届
工学	89.4	89.5	90.6
教育学	87.7	87.0	89.9
农学	87.7	86.6	88.8
管理学	86.9	85.3	89.1
历史学	86.5	84.2	85.3
理学	86.0	85.6	87.4
医学	84.6	85.2	87.7
艺术学	83.6	83.1	85.1
文学	83.5	82.7	86.1
经济学	83.1	83.3	85.6
法学	77.7	78.2	81.8
全国本科	86.4	86.0	87.8

注：个别学科门类因为样本较少，没有包括在内。

资料来源：麦可思－中国 2021~2023 届大学毕业生培养质量跟踪评价。

进一步从各专业类来看，工学相关专业的毕业去向落实率整体排名靠前，其中面向新型能源体系建设、能源资源安全保障等相关领域的能源动力类、

---

① 以法学专业（专业代码 030101）为例，阳光高考截至 2022 年 12 月 31 日的数据显示，全国共有 620 所高校开设了该专业，毕业生规模达到 95000~100000 人。

电气类专业近两届毕业去向落实率均保持在前 2 位，2023 届分别达到 95.3%、95.0%；与此同时制造业高端化、智能化、绿色化转型的深入为机械类专业毕业生就业创造了新机遇，这类专业的毕业去向落实率排名上升较为明显，2023 届（93.0%）升到第 4 位；当然值得关注的是，计算机类专业下降较为明显，这类专业毕业生规模较大[①]，在互联网等相关领域面临需求饱和、业务结构调整的情况下，毕业生求职难度增加。非工学专业中，公共卫生与预防医学类专业的毕业去向落实率相对较高，2023 届为 92.0%；高水平公共卫生学院建设是普通高等教育学科专业设置调整优化改革的重要内容，伴随着多层次人才培养体系的不断健全和完善，以公共卫生硕士专业学位培养为主体的公共卫生研究生教育不断得到发展，这类专业毕业生通过读研落实去向的比例较高（见表 2-7）。

表 2-7 2021~2023 届本科主要专业类学生毕业半年后的毕业去向落实率

单位：%

本科专业类名称	2023 届	2022 届	2021 届
能源动力类	95.3	94.2	94.7
电气类	95.0	93.5	92.9
安全科学与工程类	93.9	91.8	93.3
机械类	93.0	91.0	91.8
土木类	92.7	92.3	93.9
仪器类	92.6	91.9	91.1
矿业类	92.6	90.3	89.2
自动化类	92.3	90.4	91.2
公共卫生与预防医学类	92.0	91.9	91.5
材料类	91.6	91.1	90.6
交通运输类	91.5	91.9	92.9
物流管理与工程类	91.0	91.4	93.6

---

① 以计算机科学与技术专业（专业代码 080901）为例，阳光高考截至 2022 年 12 月 31 日的数据显示，全国共有 981 所高校开设了该专业，毕业生规模在 100000 人以上。

2023 年本科生毕业去向分析

续表

本科专业类名称	2023 届	2022 届	2021 届
轻工类	90.6	90.5	90.9
测绘类	90.6	90.1	90.8
管理科学与工程类	90.4	91.1	95.1
化工与制药类	90.2	88.7	90.2
护理学类	89.7	90.7	94.1
电子商务类	89.4	88.7	92.0
电子信息类	88.7	89.6	90.6
旅游管理类	88.5	84.6	89.3
化学类	88.5	88.0	90.0
教育学类	88.4	86.5	90.8
物理学类	88.3	88.5	88.1
环境科学与工程类	88.2	89.2	91.1
生物科学类	87.5	89.3	90.9
生物工程类	87.4	87.2	88.6
医学技术类	87.4	89.5	91.6
地理科学类	87.3	90.3	91.2
林学类	87.0	87.2	88.0
社会学类	87.0	89.8	90.7
体育学类	87.0	87.9	87.8
植物生产类	86.8	88.1	89.4
食品科学与工程类	86.6	88.1	89.4
历史学类	86.5	84.2	85.3
药学类	86.2	88.7	91.7
经济与贸易类	85.9	84.7	87.2
马克思主义理论类	85.8	87.9	90.6
中药学类	85.8	88.6	91.6
建筑类	85.5	88.8	90.7
公共管理类	85.4	84.0	88.1

019

续表

本科专业类名称	2023届	2022届	2021届
数学类	85.3	85.1	88.0
设计学类	85.2	85.9	87.3
工商管理类	84.9	83.9	87.9
戏剧与影视学类	84.7	83.6	86.6
外国语言文学类	84.5	82.9	85.9
新闻传播学类	84.4	84.8	87.8
财政学类	84.4	85.9	88.8
临床医学类	84.0	84.6	88.3
音乐与舞蹈学类	83.5	82.4	84.6
计算机类	83.2	86.6	90.2
经济学类	82.9	82.6	85.1
中国语言文学类	82.7	81.5	86.7
口腔医学类	82.0	84.1	87.2
中医学类	81.8	83.8	86.2
金融学类	81.6	83.3	86.2
统计学类	80.5	83.9	87.3
美术学类	80.0	81.8	84.0
心理学类	79.2	81.4	82.8
法学类	74.9	77.4	80.9
全国本科	86.4	86.0	87.8

注：个别专业类因为样本较少，没有包括在内。

资料来源：麦可思－中国2021~2023届大学毕业生培养质量跟踪评价。

随着国家对技术创新、可持续发展、产业升级和新型基础设施建设的重视，工程技术类专业的毕业生在就业市场上具有较好的就业前景和稳定性。

从2023届就业量最大的前50位本科专业来看，本科生毕业半年后毕业去向落实率较高的前三位专业为电气工程及其自动化（95.0%）、机械设计制造及其自动化（93.6%）、机械电子工程（93.4%）（见表2-8）。

表 2-8　2023 届本科生毕业半年后就业量最大的前 50 位专业的毕业去向落实率

单位：%

本科就业量最大的前 50 位专业名称	毕业去向落实率
电气工程及其自动化	95.0
机械设计制造及其自动化	93.6
机械电子工程	93.4
土木工程	92.9
自动化	92.6
工程管理	92.4
物流管理	91.2
车辆工程	91.1
化学工程与工艺	91.1
环境工程	90.4
工程造价	90.1
护理学	90.0
小学教育	89.9
体育教育	89.8
电子商务	89.6
化学	89.5
商务英语	89.3
电子信息工程	89.2
产品设计	88.7
生物科学	88.5
市场营销	88.3
学前教育	87.9
人力资源管理	87.7
通信工程	87.6
应用化学	87.2
数学与应用数学	86.7
药学	86.4
信息管理与信息系统	86.3
环境设计	86.2
国际经济与贸易	86.0

续表

本科就业量最大的前 50 位专业名称	毕业去向落实率
财务管理	85.1
工商管理	85.0
旅游管理	85.0
新闻学	84.5
网络工程	84.3
音乐学	84.2
视觉传达设计	84.0
软件工程	84.0
会计学	84.0
临床医学	83.8
汉语言文学	83.6
广播电视编导	83.5
物联网工程	83.5
经济学	83.3
英语	83.2
计算机科学与技术	82.5
日语	82.3
美术学	81.1
金融学	80.9
法学	74.4
全国本科	86.4

资料来源：麦可思－中国 2023 届大学毕业生培养质量跟踪评价。

从 2023 届本科生毕业半年后毕业去向落实率排名前 50 的专业来看，工科专业的占比接近七成，其中机械类专业占了 7 个，包括机械工程（94.9%）、机械设计制造及其自动化（93.6%）等；土木类专业占了 5 个，包括道路桥梁与渡河工程（94.1%）、建筑环境与能源应用工程（93.5%）等；材料类专业占了 4 个，包括无机非金属材料工程（92.8%）、金属材料工程（92.6%）等；能源动力类专业下属的能源与动力工程专业毕业去向落实率（95.8%）位列第一（见表 2-9）。

2023 年本科生毕业去向分析

表 2-9　2023 届本科生毕业半年后毕业去向落实率排前 50 位专业

单位：%

本科毕业去向落实率排前 50 位专业名称	毕业去向落实率
能源与动力工程	95.8
电气工程及其自动化	95.0
机械工程	94.9
水利水电工程	94.8
微电子科学与工程	94.6
道路桥梁与渡河工程	94.1
新能源科学与工程	94.1
安全工程	93.9
预防医学	93.7
机械设计制造及其自动化	93.6
建筑环境与能源应用工程	93.5
机械电子工程	93.4
过程装备与控制工程	93.4
土木工程	92.9
无机非金属材料工程	92.8
自动化	92.6
测控技术与仪器	92.6
金属材料工程	92.6
采矿工程	92.6
给排水科学与工程	92.6
工业工程	92.5
工程管理	92.4
地质工程	92.2
材料成型及控制工程	92.1
交通工程	91.9
材料科学与工程	91.6
地理科学	91.5
生物医学工程	91.5
物流管理	91.2
车辆工程	91.1

023

续表

本科毕业去向落实率排前 50 位专业名称	毕业去向落实率
化学工程与工艺	91.1
建筑电气与智能化	91.1
汽车服务工程	90.8
测绘工程	90.8
物流工程	90.4
环境工程	90.4
机器人工程	90.2
工程造价	90.1
护理学	90.0
电子科学与技术	90.0
小学教育	89.9
体育教育	89.8
高分子材料与工程	89.8
电子信息科学与技术	89.7
电子商务	89.6
化学	89.5
教育技术学	89.5
酒店管理	89.5
中药学	89.4
商务英语	89.3
全国本科	86.4

注：毕业生规模过小的专业不包括在此排序中。

资料来源：麦可思－中国 2023 届大学毕业生培养质量跟踪评价。

三 未就业分析

未就业：本研究将应届毕业生在毕业半年后跟踪评价时既没有受雇工作，也没有自主创业、自由职业、入伍或升学的状态，视为未就业。这包括准备考研、还在找工作和其他暂不就业三种情况。

应届本科生毕业半年后暂未就业的人群中，2023届准备考研的比例为6.2%，相较于2022届（7.1%）明显下降。上述情况反映了毕业生对于继续深造的态度和选择发生变化，这与考研难度增加、报录比提高以及就业市场的压力等因素有关。报考规模庞大导致许多没有考上的考生付出更多的沉没成本，这使得越来越多毕业生重新进行人生规划。

此外，2023届毕业生待就业的比例（7.4%）相比2022届（6.9%）有所上升（见图2-3），其中除了正在找工作的群体外，准备公务员、事业单位公开招录考试的群体进一步扩大，反映了毕业生对稳定性和长期职业安全的偏好。

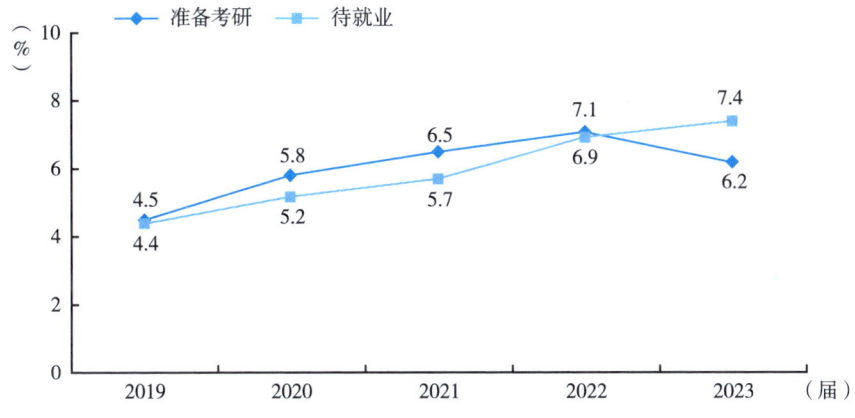

图2-3　2019~2023届本科生毕业半年后未就业比例变化趋势

资料来源：麦可思－中国2019~2023届大学毕业生培养质量跟踪评价。

2023届本科待就业的毕业生中，有四成以上（43%）正在找工作（见图2-4），与上一届（49%）相比有所下降，其个人求职预期与职场需求之间依然存在错位。正在找工作的毕业生中，有51%收到过用人单位的录用通知（见图2-5），拒绝录用的主要原因是薪资福利、个人发展空间等方面与个人预期不匹配（见图2-6）。

就业蓝皮书·本科

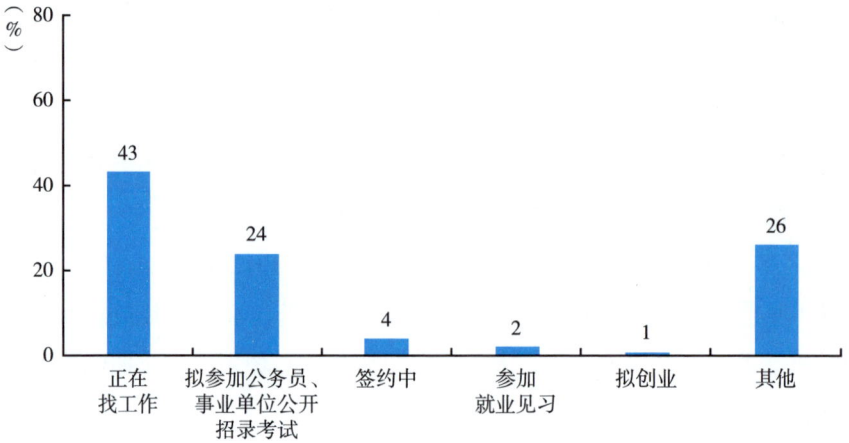

图 2-4　2023 届本科待就业毕业生分布

资料来源：麦可思 - 中国 2023 届大学毕业生培养质量跟踪评价。

毕业生择业求稳求编制的心态持续加剧。待就业毕业生中，约 1/4 在准备公务员、事业单位公开招录考试；准备考公人数占毕业生总人数的比例五年内翻了一番多。自 2020 年起国考连续扩招，2024 年计划招录人数（3.96 万人）创历史新高，其中专门面向应届高校毕业生的计划人数约占计划招录总人数的 66%。

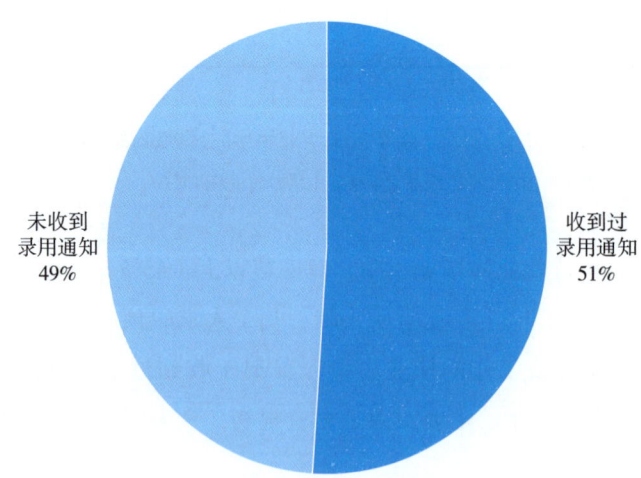

图 2-5　2023 届本科正在找工作的毕业生收到过录用的比例

资料来源：麦可思 - 中国 2023 届大学毕业生培养质量跟踪评价。

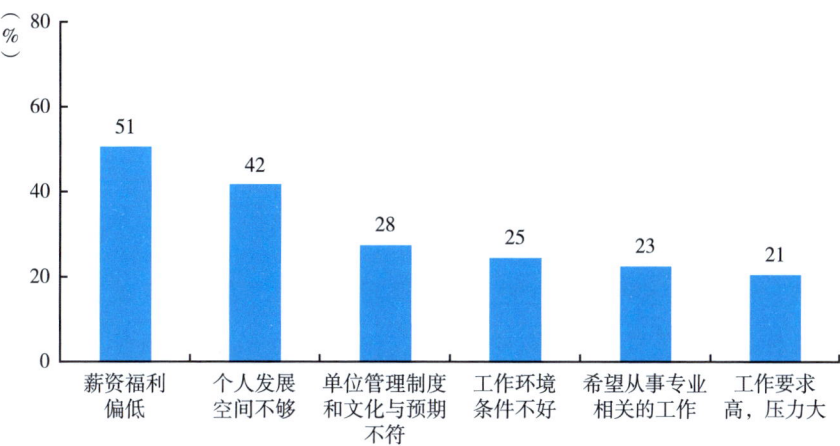

图 2-6　2023 届本科正在找工作的毕业生收到过录用通知未接受原因（多选）

资料来源：麦可思－中国 2023 届大学毕业生培养质量跟踪评价。

B.3
2023年本科毕业生就业结构分析

摘　要： 2023年本科毕业生就业市场呈现新趋势，东部地区以其产业集聚和高薪机会继续吸引超过半数的毕业生，占比高达51.1%。随着区域均衡发展和就业观念的转变，毕业生返乡及下沉市场就业趋势显著，地级城市及以下就业比例增至61%。教育、信息和建筑等行业就业机会减少，而高端装备制造业对数字技术人才的需求稳步增长，民营企业成为吸纳毕业生的主体，民企就业比例回升至54%。中小微企业亦表现活跃，50%的毕业生选择加入300人以下的企业，显示其市场重要性和创新潜力。专业预警分析揭示，微电子科学与工程、电气工程及其自动化等专业因行业需求增长而成为绿牌专业，而音乐表演、法学等专业被列为红牌专业。

关键词： 就业下沉　高端制造业　中小微企业　专业预警　本科生

一　就业地分析

东部地区在吸引人才方面具有较强的优势，而中部和东北地区面临毕业生外流的挑战。从应届本科毕业生就业地[①]分布来看，2023届在东部地区就业的占比（51.1%）最高，其次是西部地区（25.0%）；综合各地区本科院校毕业生占比和毕业去向落实率来看，东部地区对人才的吸引力（毕业生占比38.5%、毕业去向落实率87.2%）最强，毕业生流入较多；中部地区（毕业生

---

① 就业地：指大学毕业生的就业所在地区。

2023年本科毕业生就业结构分析

占比26.6%、毕业去向落实率86.1%）、东北地区（毕业生占比9.3%、毕业去向落实率83.6%）毕业生外流较多（见表3-1）。

表3-1 2023届本科毕业生就业地的分布

单位：%

各区域	2023届本科毕业生在该地区就业的比例	2023届该地区本科毕业生实际人数比例	毕业去向落实率
东部地区	51.1	38.5	87.2
西部地区	25.0	25.6	86.4
中部地区	20.1	26.6	86.1
东北地区	3.8	9.3	83.6

资料来源：麦可思－中国2023届大学毕业生培养质量跟踪评价；中华人民共和国国家统计局。

这与各地区的经济发展水平、就业机会、生活条件、区域政策等因素有关。东部地区产业集聚，提供了丰富的就业机会和较高的薪资水平，这使得该地区对毕业生具有很大的吸引力。此外，东部地区的基础设施和公共服务也相对完善，为毕业生提供了良好的工作和生活环境。

相比之下，中部地区和东北地区的经济发展水平和就业机会相对较少，可能导致毕业生外流。这也提示这些地区需持续加强产业支持和引导，加强高校与地方产业的合作，提升教育质量，通过区域协调发展，促进资源优化配置，为留在当地工作的毕业生提供优惠政策。

从三大经济区域来看，长三角和珠三角地区凭借其优越的经济条件、产业基础、创新环境、基础设施和人才培养政策，成为本科毕业生流入的热点地区，对人才的吸引力较强。

相比之下，京津冀地区北京的虹吸效应对人才流动产生了显著影响。尽管北京提供了丰富的就业机会，但人口控制政策和非首都功能疏解，增加了毕业生的就业竞争和生活成本压力，促使他们寻找其他地区的就业机会，以追求更好的职业发展和生活质量，毕业生外流的情况增加（见表3-2）。

表 3-2　2023 届本科毕业生在三大经济区域就业的情况

单位：%

三大经济区域	2023届本科毕业生在该地区就业的比例	2023届该地区本科毕业生实际人数比例	毕业去向落实率
长三角地区	22.9	16.0	89.3
珠三角地区	19.8	13.6	90.3
京津冀地区	8.6	9.6	86.6

资料来源：麦可思－中国2023届大学毕业生培养质量跟踪评价；中华人民共和国国家统计局。

城市类型：

1. 本研究按行政级别把中国内地城市分为以下三个类型。

a. 直辖市：包括北京、上海、天津、重庆。

b. 副省级城市：包括哈尔滨、长春、沈阳、大连、济南、青岛、南京、杭州、宁波、厦门、广州、深圳、武汉、成都、西安15个城市。部分省会城市不属于副省级城市。

c. 地级城市及以下：如绵阳、保定、苏州等，也包括省会城市如福州、银川等以及地级市下属的县、乡等。

2. 本研究根据城市发展水平、综合经济实力等把主要城市分为一线城市和新一线城市。

一线城市：北京、上海、广州、深圳。

新一线城市：《第一财经周刊》于2013年首次提出"新一线城市"概念，依据商业资源集聚度、城市枢纽性、城市人活跃度、生活方式多样性和未来可塑性五大指标，每年评出15座新一线城市。2023年评出的15座新一线城市依次是：成都、重庆、杭州、武汉、苏州、西安、南京、长沙、天津、郑州、东莞、青岛、昆明、宁波、合肥。

近年来，越来越多的应届本科毕业生选择返乡和下沉市场就业。数据显示，毕业生在地级城市及以下就业的比例从2019届的53%增至2023届的61%。这主要是因为一线城市生活成本和竞争压力大，而地级城市及以下生活成本较低，就业机会稳定，其中教育机构、政府机关等事业单位是吸纳毕业生在地级城市及以下地区就业的主体。与之相对应的，毕业生在直辖市、副省级城市就业的比例呈下降趋势，分别从2019届的16%、31%下降到2023届的12%、27%（见图3-1）。这一趋势反映了毕业生就业观念的转变，也为中小城市和乡村带来发展机遇，有助于区域经济平衡和乡村振兴。

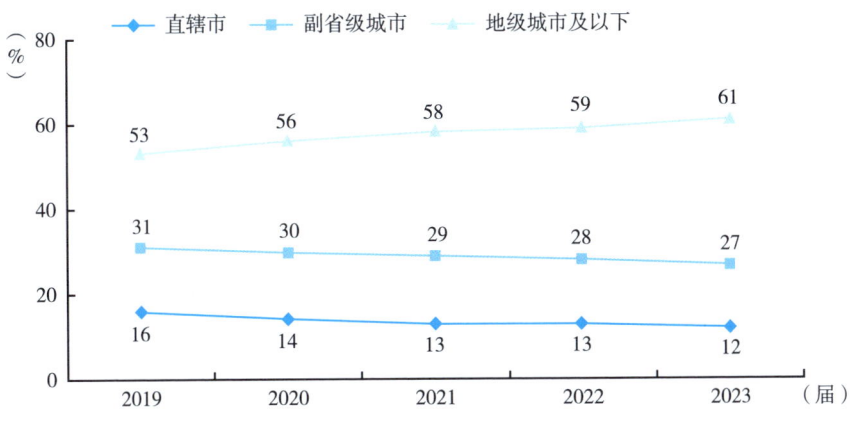

图3-1　2019~2023届本科毕业生就业城市类型分布变化

资料来源：麦可思-中国2019~2023届大学毕业生培养质量跟踪评价。

应届本科毕业生在一线和新一线城市就业比例均有下降的趋势。从近五年的数据来看，应届本科毕业生在一线城市就业的比例从2019届的20%下降到2023届的16%，在新一线城市就业的比例在25%~27%波动，近三年有下降态势（见图3-2）。这可能是生活成本上升、就业竞争激烈、返乡就业政策吸引、二线三线城市就业机会增多以及对生活质量的重视等因素共同作用的结果。

这也提示政策制定者应考虑针对毕业生的经济激励政策，降低一线城市的生活成本如提供住房和创业补贴。同时，推动区域均衡发展，进一步优化二线三线城市的就业环境和生活质量。高等教育机构应加强职业发展教育，提供更多与就业市场紧密对接的实践机会，并引导学生进行更为全面的职业规划，以适应多元化的就业趋势。

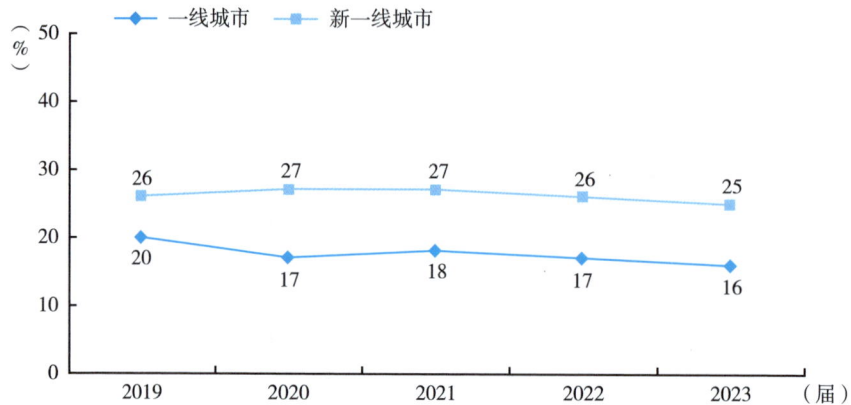

图 3-2　2019~2023 届本科毕业生在一线、新一线城市就业的比例变化趋势

资料来源：麦可思－中国 2019~2023 届大学毕业生培养质量跟踪评价。

二　行业、职业流向分析

（一）就业的主要行业及变化趋势

行业：根据麦可思中国行业分类体系，本次跟踪评价覆盖了本科毕业生就业的 321 个行业。

本节各表中的"就业比例" ＝在某类行业中就业的本科毕业生人数／全国同届次本科毕业生就业总数。

从毕业生就业行业的占比来看，2023 届本科毕业生半年后就业最多的行业类是"教育业"（13.6%），其后依次是"信息传输、软件和信息技术服务业"（7.6%）、"金融业"（7.4%）、"建筑业"（7.0%）等（见表 3-3）。

从变化趋势来看，上述就业量较大的行业整体需求疲软，宏观经济增速放缓和结构调整可能导致传统行业的就业机会减少。

高端装备制造业需求持稳，伴随着制造业的优化升级，电子电气设备、机械设备、交通运输设备等高端装备制造领域对于数字技术工程技术人员（如集成电路工程技术人员、大数据工程技术人员、智能制造工程技术人员

2023年本科毕业生就业结构分析

等)的需求稳步增长。数据显示,在上述装备制造领域就业的毕业生中,从事数字技术工程技术相关职业的占比从2019届的3.2%上升至2023届的4.7%,这说明市场对技术型人才的需求依然旺盛,也反映了行业技术进步和创新驱动的发展趋势。

随着疫情影响的减退,服务业特别是零售、文化、生活服务业的需求逐渐复苏,为大学生提供了更多的就业选择。

表3-3　2019~2023届本科毕业生就业的主要行业类变化趋势

单位:%,个百分点

行业类名称	2023届	2022届	2021届	2020届	2019届	五年变化
教育业	13.6	13.0	14.0	17.0	15.9	-2.3
信息传输、软件和信息技术服务业	7.6	8.7	9.2	9.0	8.9	-1.3
金融业	7.4	7.3	7.2	7.5	7.8	-0.4
建筑业	7.0	7.7	8.6	9.0	8.9	-1.9
政府及公共管理	6.7	6.8	6.4	6.2	6.0	0.7
电子电气设备制造业(含计算机、通信、家电等)	6.4	6.8	6.2	5.7	5.7	0.7
医疗和社会护理服务业	5.8	6.0	6.0	5.9	6.0	-0.2
各类专业设计与咨询服务业	4.9	5.0	5.3	5.1	5.8	-0.9
文化、体育和娱乐业	4.7	4.5	4.6	4.2	4.6	0.1
零售业	3.8	3.6	3.8	3.5	3.4	0.4
电力、热力、燃气及水生产和供应业	3.2	3.0	2.6	2.4	2.2	1.0
机械设备制造业	3.1	2.9	2.6	2.5	2.4	0.7
医药及设备制造业	2.4	2.7	2.4	2.1	2.0	0.4
化学品、化工、塑胶制造业	2.3	2.1	1.8	1.8	1.8	0.5
运输业	2.2	2.2	2.3	2.2	2.4	-0.2
行政、商业和环境保护辅助业	1.9	2.0	1.7	1.7	1.9	0.0
住宿和餐饮业	1.8	1.4	1.2	1.1	1.3	0.5
交通运输设备制造业	1.7	1.8	1.3	1.3	1.5	0.2

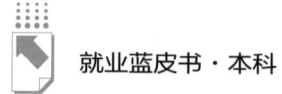

续表

行业类名称	2023 届	2022 届	2021 届	2020 届	2019 届	五年变化
其他制造业	1.6	1.8	1.3	1.0	0.9	0.7
房地产开发及租赁业	1.4	1.4	1.9	2.1	2.3	−0.9
居民服务、修理和其他服务业	1.4	1.2	1.4	1.3	1.5	−0.1
食品、烟草、加工业	1.3	1.1	1.0	0.9	0.9	0.4
纺织、服装、皮革制造业	1.2	1.0	1.1	0.9	1.0	0.2
采矿业	1.2	1.0	0.9	0.8	0.6	0.6
农、林、牧、渔业	1.0	1.0	1.0	1.0	0.6	0.4
邮递、物流及仓储业	0.9	0.9	1.0	0.9	0.7	0.2
金属冶炼和压延加工业	0.8	0.6	0.6	0.6	0.5	0.3
批发业	0.7	0.6	0.7	0.6	0.6	0.1
家具制造业	0.7	0.6	0.6	0.5	0.5	0.2
玻璃黏土、石灰水泥制品业	0.5	0.6	0.6	0.4	0.4	0.1
群众团体、社会团体和宗教组织	0.3	0.3	0.2	0.3	0.2	0.1
木品和纸品业	0.2	0.2	0.3	0.2	0.2	0.0
其他租赁业	0.2	0.1	0.1	0.2	0.2	0.0

注：表中显示数字均保留一位小数，因为四舍五入，加起来可能不等于100%。
资料来源：麦可思－中国 2019~2023 届大学毕业生培养质量跟踪评价。

表 3-4　2023 届本科毕业生就业量最大的前 50 位行业

单位：%

行业名称	就业比例
中小学教育机构	7.5
软件开发业	3.0
综合医院	2.7
发电、输电业	2.6
铁路、道路、隧道和桥梁工程建筑业	2.1
货币银行服务业	1.8

续表

行业名称	就业比例
其他金融业	1.8
药品和医药制造业	1.7
教育辅助服务业	1.7
半导体和其他电子元件制造业	1.7
其他制造业	1.6
其他培训学校和机构	1.6
其他各类国家机构	1.6
司法、执法部门（公检法）	1.5
互联网平台服务业（工业互联网平台、电商平台等）	1.4
其他文体娱乐和休闲产业	1.3
会计、审计与税务服务业	1.2
建筑基础、结构、楼房外观承建业	1.2
幼儿园与学前教育机构	1.1
其他公共管理服务组织	1.0
其他信息服务业	1.0
中国人民银行、金融监管局和证监会	1.0
通信设备制造业	1.0
其他个人服务业	1.0
电机、输配电及控制设备制造业	1.0
保险中介、资产管理、精算及其他相关服务业	1.0
计算机及外围设备制造业	0.9
保险机构	0.8
住宅建筑施工业	0.8
非住宅建筑施工业	0.8
百货零售业	0.8
建筑装修业	0.8
其他化工产品制造业	0.8
数据处理、存储、计算、加工等相关服务业	0.8

续表

行业名称	就业比例
各级党政领导机构及人大、政协、民主党派	0.7
物流仓储业	0.7
法律、知识产权服务业	0.7
基层医疗卫生服务机构	0.7
医疗设备及用品制造业	0.7
广告及相关服务业	0.6
工业生产加工专用设备制造业	0.6
文化娱乐、体育、艺术从业人员的经纪服务机构	0.6
其他电气设备及器材制造业	0.6
基层群众自治组织（含村委会、居委会等）	0.6
综合性餐饮业	0.6
中等职业学校	0.6
互联网信息服务业（搜索、网游、音视频、新闻服务等）	0.6
本科院校	0.6
汽车整车制造业	0.6
互联网零售业	0.6

资料来源：麦可思–中国 2023 届大学毕业生培养质量跟踪评价。

（二）从事的主要职业及变化趋势

职业：根据麦可思中国职业分类体系，本次跟踪评价覆盖了本科毕业生能够从事的 573 个职业。

本节各表中的"就业比例" = 在某类职业中就业的本科毕业生人数/全国同届次本科毕业生就业总数。

从毕业生就业岗位来看，2023 届本科毕业生半年后就业最多的职业类是"中小学教育"（9.0%），其后依次是"财务/审计/税务/统计"（7.4%）、"行政/后勤"（7.1%）、"销售"（6.1%）、"互联网开发及应用"（5.5%）等（见表 3-5）。

表 3-5 2019~2023 届本科毕业生从事的主要职业类变化趋势

单位：%，个百分点

本科职业类名称	2023 届	2022 届	2021 届	2020 届	2019 届	五年变化
中小学教育	9.0	8.5	8.9	10.8	10.1	-1.1
财务/审计/税务/统计	7.4	7.4	7.5	7.3	7.7	-0.3
行政/后勤	7.1	7.2	7.3	6.9	6.9	0.2
销售	6.1	5.2	5.4	5.2	5.3	0.8
互联网开发及应用	5.5	6.1	6.7	6.1	6.0	-0.5
金融（银行/基金/证券/期货/理财）	5.4	5.4	5.4	5.6	5.7	-0.3
计算机与数据处理	5.1	5.9	5.8	5.8	5.7	-0.6
医疗保健/紧急救助	5.0	5.1	5.1	5.0	5.1	-0.1
建筑工程	4.3	4.9	5.6	6.2	5.9	-1.6
媒体/出版	4.3	4.2	3.9	3.6	3.8	0.5
电气/电子（不包括计算机）	3.8	3.8	3.6	3.5	3.5	0.3
机械/仪器仪表	2.8	2.6	2.3	2.3	2.3	0.5
美术/设计/创意	2.5	2.4	2.5	2.3	2.5	0.0
生产/运营	2.2	2.3	2.5	2.1	2.2	0.0
生物/化工	2.0	2.1	1.8	1.7	1.6	0.4
表演艺术/影视	1.9	1.8	1.7	1.6	1.7	0.2
电力/能源	1.9	1.7	1.5	1.4	1.3	0.6
人力资源	1.8	2.0	2.3	2.0	2.1	-0.3
餐饮/娱乐	1.7	1.1	0.9	0.8	0.9	0.8
幼儿与学前教育	1.7	1.9	1.8	1.7	1.7	0.0
公安/检察/法院/经济执法	1.5	1.4	1.3	1.1	1.1	0.4
交通运输/邮电	1.4	1.4	1.6	1.6	1.7	-0.3
机动车机械/电子	1.2	1.3	0.8	0.7	0.8	0.4
社区工作者	1.1	1.4	0.8	0.7	0.6	0.5

续表

本科职业类名称	2023届	2022届	2021届	2020届	2019届	五年变化
物流/采购	1.1	1.2	1.0	1.0	0.9	0.2
职业培训/其他教育	1.0	0.9	1.1	1.9	2.3	-1.3
保险	0.9	0.8	0.8	0.9	1.0	-0.1
经营管理	0.8	0.9	1.0	0.9	1.0	-0.2
工业安全与质量	0.8	0.9	0.8	0.7	0.7	0.1
酒店/旅游/会展	0.8	0.6	0.7	0.8	1.0	-0.2
文化/体育	0.7	0.7	0.8	0.7	0.7	0.0
中等职业教育	0.7	0.7	0.7	0.8	—	—
农/林/牧/渔类	0.7	0.8	0.7	0.7	0.4	0.3
研究人员	0.6	0.8	0.7	0.7	0.6	0.0
律师/律政调查员	0.6	0.5	0.6	0.6	0.7	-0.1
房地产经营	0.6	0.7	0.9	1.0	1.0	-0.4
航空机械/电子	0.5	0.5	0.5	0.5	0.6	-0.1
矿山/石油	0.5	0.5	0.4	0.5	0.4	0.1
测绘	0.5	0.5	0.4	0.5	0.6	-0.1
环境保护	0.5	0.5	0.6	0.7	0.7	-0.2
翻译	0.4	0.3	0.3	0.2	0.3	0.1
冶金材料	0.3	0.3	0.2	0.2	0.2	0.1
公共关系	0.3	0.2	0.3	0.2	0.2	0.1
美容/健身	0.2	0.1	0.1	0.1	0.2	0.0
服装/纺织/皮革	0.2	0.2	0.3	0.3	0.3	-0.1
船舶机械	0.2	0.1	0.1	0.1	0.2	0.0

注1："中等职业教育"为2020届新增职业类，因此无2019届数据。
注2：表中显示数字均保留一位小数，因为四舍五入，加起来可能不等于100%。
资料来源：麦可思－中国2019~2023届大学毕业生培养质量跟踪评价。

从变化趋势来看，传统岗位整体就业需求偏饱和，如财会、金融、行政、互联网开发等，这也跟宏观经济增速放缓和结构调整可能导致传统岗位的就业机会减少有关。

伴随着新产业、新业态、新模式的发展，毕业生从事新零售、新媒体运营、新能源等产业的新兴岗位的比例上升。

随着疫情影响的消失，餐饮/娱乐等服务性岗位的需求逐渐复苏，为大学生提供了更多的就业选择。

值得关注的是，随着人工智能的快速发展，相关高技术岗位的需求增长明显，但主要需求增长还是针对研究生学历人才。毕业五年后的数据显示，2016届本科毕业五年后获得研究生学历的毕业生从事数字技术工程技术相关职业的比例为2.0%，2018届上升至3.5%，明显高于学历未提升的毕业生（2016~2018届毕业五年后从事这类职业的比例合计为1.3%）。

表3-6　2023届本科毕业生就业量最大的前50位职业

单位：%

本科职业名称	就业比例
文员	5.0
小学教师	3.6
会计	3.4
初中教师	2.5
银行柜员	2.3
高中教师	1.9
互联网开发人员	1.9
新媒体策划、编辑、运营人员	1.9
护士	1.7
电子商务专员	1.7
计算机程序员	1.6
幼儿教师	1.3
审计人员	1.2
行政秘书和行政助理	1.1
各类销售服务人员	1.0
出纳员	0.9

续表

本科职业名称	就业比例
人民警察	0.9
教育培训人员	0.9
建筑施工人员	0.8
化学技术人员	0.8
信息支持与服务人员	0.8
电气工程技术人员	0.8
软件开发人员	0.8
电子工程技术人员	0.8
电厂操作人员	0.7
客服专员	0.7
营业员	0.7
教学辅助人员	0.7
土木工程技术人员	0.7
金融和投资分析人员	0.6
室内设计师	0.6
其他社区和村镇工作人员	0.6
电工技术人员	0.6
人力资源助理	0.6
中等职业教育教师	0.6
平面设计人员	0.5
建筑工程设备操作人员	0.5
税务专员	0.5
餐饮服务生	0.5
计算机售前、售后技术支持人员	0.5
采购员	0.5
工业工程技术人员	0.5
发电站、变电站和中继站的电子和电气修理技术人员	0.5
人力资源专职人员	0.5
运营经理	0.5
证券、期货和金融服务销售代理	0.5

续表

本科职业名称	就业比例
包装设计师	0.5
保单管理人员	0.5
数据统计分析人员	0.5
市场专员	0.5

资料来源：麦可思－中国2023届大学毕业生培养质量跟踪评价。

三　用人单位流向分析

毕业生在民营企业/个体就业的比例回升，特别是在数字产业和高技术制造业等新兴领域，体现了民营经济的韧性和创新动力。具体来看，2023届本科毕业生在民营企业/个体就业的比例（54%）最高，较2022届（51%）上升了3个百分点（见图3-3）。民营企业/个体对毕业生的吸纳能力增强，这也为毕业生提供了更多的就业选择和职业发展机会。

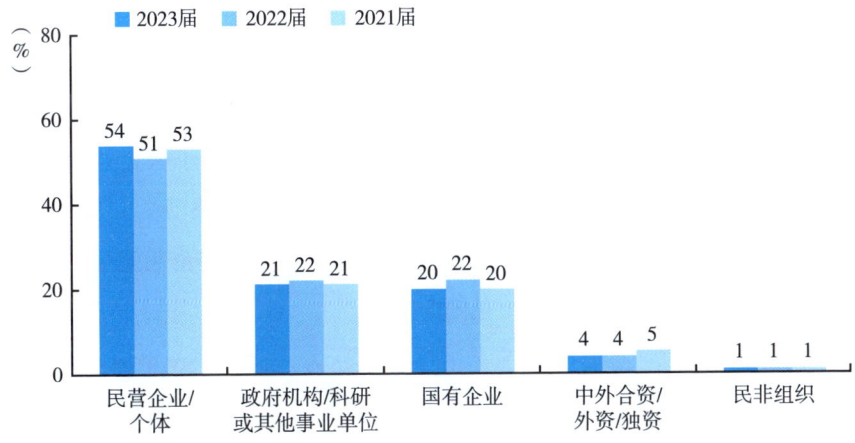

图3-3　2021~2023届本科毕业生就业的用人单位类型分布变化趋势

资料来源：麦可思－中国2021~2023届大学毕业生培养质量跟踪评价。

从不同学科门类来看，毕业生就业单位类型的差异性反映了各学科的人才培养特点和行业需求。艺术学、管理学、农学、文学、经济学、工学、理学等学科毕业生在民营企业/个体就业的比例较高；医学、历史学、教育学等学科毕业生更多就业于政府机构/科研或其他事业单位（见图3-4），尤其是医疗卫生单位、中小学校等公共服务领域。

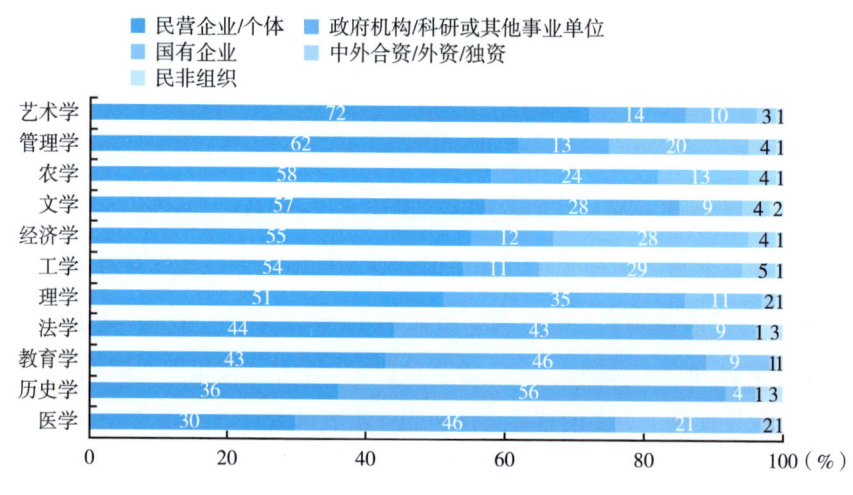

图3-4 2023届本科各学科门类就业的用人单位类型分布

注：个别学科门类因为样本较少，没有包括在内。

资料来源：麦可思－中国2023届大学毕业生培养质量跟踪评价。

中小微企业也是吸纳毕业生就业的主体，毕业生在中小微企业就业的比例稳步回升，体现了中小微企业在就业市场中的重要性和活力。数据显示，2023届本科毕业生中有50%选择在300人及以下的中小微企业就业，这一比例较2022届上升了2个百分点（见图3-5）。

中小微企业通常具有较强的灵活性和创新力，能够快速适应市场变化，提供多样化的产品和服务，这有助于推动经济体系的创新和效率提升。政府对中小微企业的扶持政策，如税收减免、融资支持、创业指导等，有助于中小微企业的健康成长，从而为毕业生提供更多就业机会和职业发展空间。

图 3-5 2021~2023 届本科毕业生就业的用人单位规模分布变化趋势

资料来源：麦可思 - 中国 2021~2023 届大学毕业生培养质量跟踪评价。

不同学科门类毕业生在就业单位规模选择上的差异化，反映了各学科特点、人才培养目标以及行业需求的多样性。人文社科类毕业生更多就业于 300 人及以下规模的单位，就业领域包括了教育、艺术、历史、法律服务等；这些领域中的许多机构，如学校、艺术团体、博物馆、法律事务所等，往往规模较小，但对专业知识和技能有较高要求。

工学、经济学学科的毕业生在 3000 人以上规模单位就业的比例（分别为 34%、32%）较高（见图 3-6）。大型企业通常拥有更为复杂的组织结构和运营模式，需要大量的工程技术和经济管理人才来支撑其业务发展和市场竞争。

这也提示高校在优化专业设置和完善人才培养过程中，应充分考虑学科特性与市场需求的匹配度，从而为学生提供更多与未来就业市场相适应的知识和技能。

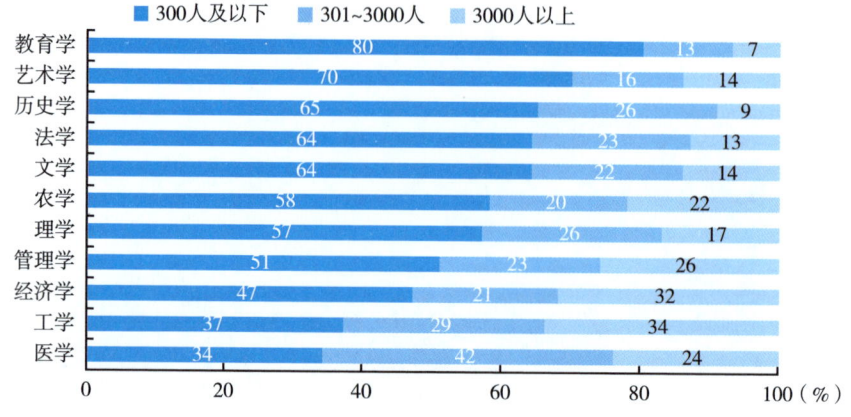

图3-6 2023届本科各学科门类就业的用人单位规模分布

注：个别学科门类因为样本较少，没有包括在内。

资料来源：麦可思－中国2023届大学毕业生培养质量跟踪评价。

四 专业预警分析

专业预警旨在评估不同专业的毕业生就业情况和市场对人才的需求趋势。分析基于各专业毕业生的就业落实情况、薪资水平和就业满意度，结合国家战略和重点发展领域对人才的需求，以及本科专业布点的动态调整，综合定位"红黄绿牌"专业。

红牌专业是指就业落实率、薪资和就业满意度整体较低，且市场需求减少或增长缓慢的专业。黄牌专业是指除了红牌专业外，就业落实率、薪资和就业满意度相对较低，且市场需求增长缓慢或有下降趋势的专业。绿牌专业是指就业落实率、薪资和就业满意度整体较高且市场需求增长的专业。

专业预警反映的是全国总体情况，由于各地区的经济结构、行业发展和教育资源分配不同，各省（区、市）、各高校的具体情况可能会有所差别。需要特别说明的是，笔者是基于各专业连续多年应届毕业生就业质量变化趋势综合判断红黄绿牌专业，一些近年来新增设的专业，由于缺乏成规模和成趋势的毕业生数据，暂时没有被包括在内。

2024年本科就业绿牌专业包括：微电子科学与工程、电气工程及其自动化、新能源科学与工程、能源与动力工程、机械电子工程、机器人工程。其中，微电子科学与工程、能源与动力工程连续三届绿牌。行业需求增长是造就绿牌专业的主要因素。

2024年本科就业红牌专业包括：音乐表演、绘画、美术学、应用心理学、法学。其中，绘画、应用心理学、法学连续三届红牌，这与相关专业毕业生供需矛盾有关（见表3-7）。

表3-7 2024年本科"红黄绿牌"专业

红牌专业	黄牌专业	绿牌专业
音乐表演	公共事业管理	微电子科学与工程
绘画	教育技术学	电气工程及其自动化
美术学	生物技术	新能源科学与工程
应用心理学	汉语国际教育	能源与动力工程
法学		机械电子工程
		机器人工程

资料来源：麦可思－中国2021~2023届大学毕业生培养质量跟踪评价。

B.4
2023年本科毕业生收入分析

摘　要： 2023届本科毕业生月收入达到6050元，超过城镇居民月均可支配收入，实际涨幅为5.2%。"双一流"院校毕业生的月收入增长明显，凸显教育质量与薪资正相关。工学毕业生以6709元的起始月收入位居各学科之首。区域经济水平和产业结构对薪资影响显著，东部地区和一线城市薪资较高。电子信息类专业、电子电气设备制造业起薪领先，薪资增长较快。律师职业薪资增长潜力最大，毕业五年后，月收入涨幅可达到178%；民营企业薪资增长潜力也不容忽视，涨幅达138%。这表明，毕业生在职业选择时应综合考虑薪资、职业发展潜力和个人职业规划，而高等教育机构和政策制定者应关注人才培养与市场需求的匹配。

关键词： 教育回报　薪资增长　专业市场需求　区域经济差异　本科生

一　总体收入分析

应届本科毕业生的薪资水平在过去五年中持续上升，2023届本科毕业生的月收入①达到6050元（见图4-1），明显超过了同期城镇居民的月均可支配收入（4318元），与2019届相比实际涨幅为5.2%（剔除通货膨胀因素后）。在不同院校类型中，"双一流"院校毕业生的月收入增长更为明显，2023届为7486元，地方本科院校毕业生的月收入为5763元（见图4-2）。这表明高等教育的质量与薪资水平存在正相关关系，且顶尖院校的毕业生在就业市场上具有更强的竞争力和议价能力。

---

① 月收入：指工资、奖金、业绩提成、现金福利补贴等所有的月度现金收入。

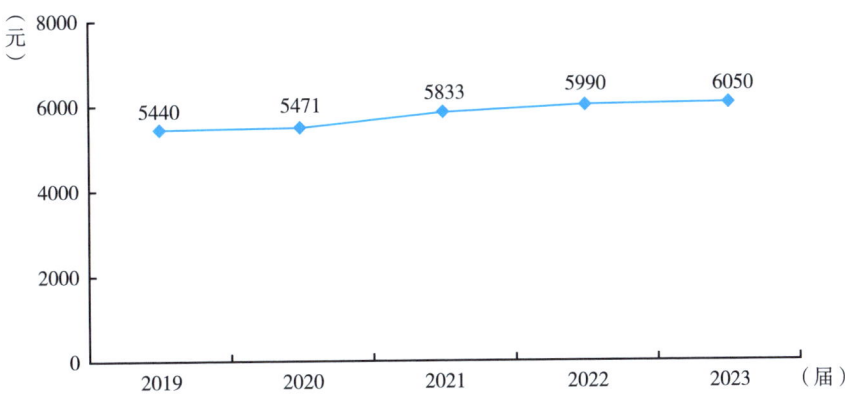

图 4-1　2019~2023 届本科生毕业半年后的月收入变化趋势

资料来源：麦可思 - 中国 2019~2023 届大学毕业生培养质量跟踪评价。

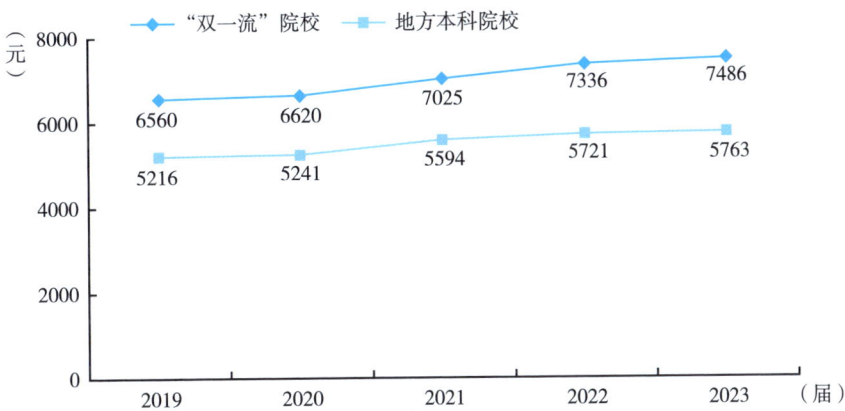

图 4-2　2019~2023 届各类本科院校毕业生毕业半年后的月收入变化趋势

资料来源：麦可思 - 中国 2019~2023 届大学毕业生培养质量跟踪评价。

高等教育的长期回报在毕业生步入职场三到五年[①]后得到明显体现。数据显示，2020 届本科院校毕业生在毕业三年后的月收入达到 9033 元，相较于

[①] 毕业三年后和毕业五年后月收入：分别指的是 2020 大学生毕业三年后和 2018 届大学生毕业五年后的月收入。
三年后月收入涨幅 =（毕业三年后的月收入 − 毕业半年后的月收入）/ 毕业半年后的月收入。
五年后月收入涨幅 =（毕业五年后的月收入 − 毕业半年后的月收入）/ 毕业半年后的月收入。

毕业半年后的5471元，薪资增长了65%。2018届本科院校毕业生在毕业五年后月收入更是增长至10595元，相比毕业半年后的5135元，薪资涨幅达到了106%。这一薪资增长趋势不仅反映出毕业生随着工作经验积累和职业技能提升而获得了更高的市场价值，也表明了高等教育对于个人职业发展和收入增长有积极影响。

从不同院校类型的长期回报来看，"双一流"院校毕业生的薪资增长优势更为显著。具体数据显示，2020届"双一流"院校毕业生在毕业三年后的月收入相比毕业半年时增长了67%，地方本科院校毕业生的相应涨幅为65%；进一步观察，2018届"双一流"院校毕业生在毕业五年后的月收入涨幅达到了121%，远超地方本科院校毕业生的103%。这也反映了高等教育投资对于毕业生职业发展和收入提升的重要作用，尤其是在顶尖院校中，毕业生能够获得更高的长期回报（见图4-3、图4-4）。

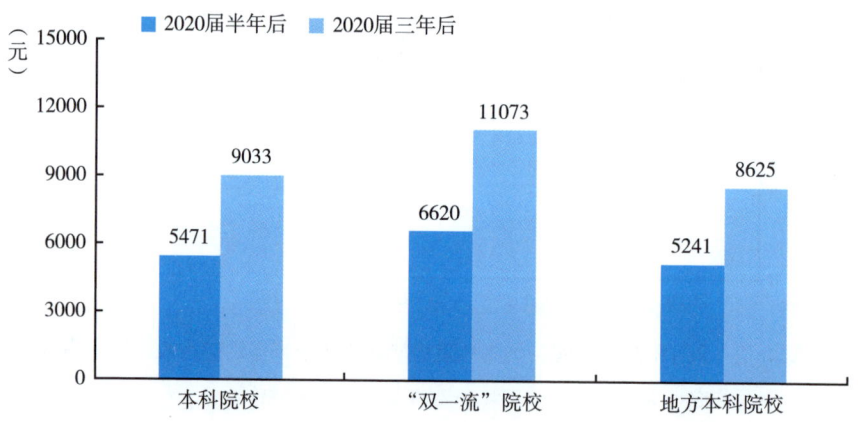

图4-3　2020届本科生毕业三年后的月收入与涨幅（与2020届半年后对比）

资料来源：麦可思－中国2020届大学毕业生三年后职业发展跟踪评价，2020届大学毕业生培养质量跟踪评价。

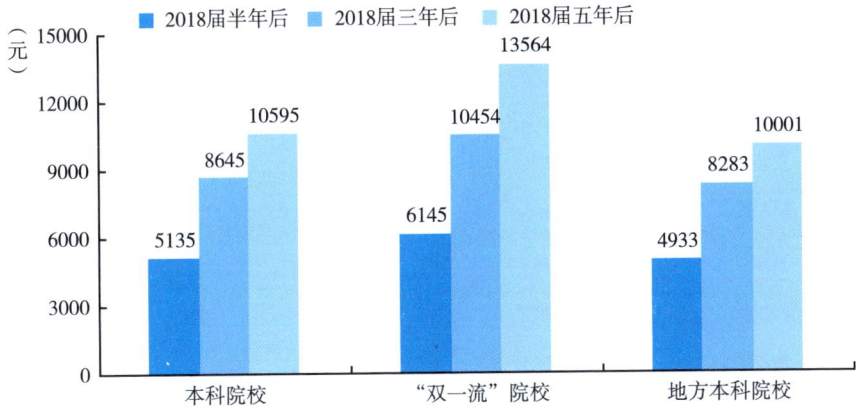

图 4-4　2018 届本科生毕业五年后的月收入与涨幅（与 2018 届半年后、三年后对比）

资料来源：麦可思 - 中国 2018 届大学毕业生五年后职业发展跟踪评价，2018 届大学毕业生三年后职业发展跟踪评价，2018 届大学毕业生培养质量跟踪评价。

二　各专业收入分析

从各学科门类本科生毕业半年后的月收入数据来看，工学毕业生以 6709 元的月收入保持领先，其后是经济学（6088 元）、理学（5964 元）和管理学（5962 元）。相比之下，教育学毕业生的月收入相对较低，为 5002 元（见表 4-1）。这反映了不同学科门类的市场需求和专业特性对毕业生收入水平的影响。由于工学类专业技能的实用性和相关领域对技术人才的高需求，毕业生通常能够获得较高的起始薪资；经管、理学类毕业生因其专业知识适用于广泛的行业领域，就业单位性质较为分散，薪资水平与就业市场人才供需情况、行业发展水平以及用人单位起薪水平均有一定关系；教育学类毕业生尽管在公办教育机构的起始薪资可能相对较低，但他们通常享有更稳定的职业发展路径和长期职业安全。

对于学生而言，选择专业时应综合考虑个人兴趣、职业规划以及未来发展前景。同时，高等教育机构也应关注市场动态，调整优化专业设置和人才培养方案，以更好地满足社会需求，提高毕业生的就业质量。

表 4-1　2021~2023 届各学科门类本科生毕业半年后的月收入

单位：元

本科学科门类名称	2023 届	2022 届	2021 届
工学	6709	6610	6323
经济学	6088	6003	5841
理学	5964	5759	5689
管理学	5962	5843	5744
农学	5681	5501	5381
文学	5641	5509	5399
艺术学	5556	5404	5475
医学	5440	5424	5152
法学	5424	5339	5222
历史学	5279	5134	4848
教育学	5002	4867	4935
全国本科	6050	5990	5833

注：个别学科门类因为样本较少，没有包括在内。

资料来源：麦可思－中国 2021~2023 届大学毕业生培养质量跟踪评价。

从毕业三年后和五年后的月收入来看，工学毕业生的月收入水平和增长幅度在毕业三年后和五年后均保持领先，这反映了工学专业在就业市场中的高需求和专业技能的高价值。工学毕业生的薪资增长表现突出，2020 届毕业三年后月收入涨幅达到 74%，2018 届毕业五年后涨幅更是高达 123%（见表 4-2、表 4-3），这表明随着工作经验的积累和职业技能的提升，工学毕业生能够获得更高的经济回报。

经济学、管理学毕业生的毕业五年后月收入涨幅也相对较高，这可能与这些学科培养的管理能力和经济分析能力可在各行各业广泛应用有关。这些专业的毕业生通常具备较强的市场适应性和职业发展潜力。

医学、农学毕业生虽然起薪相对较低，但毕业五年后的月收入涨幅表现出色，这可能与这些专业需要长期的专业实践和经验积累有关。随着专业技能的深化和职称的提升，医学、农学毕业生能够实现较为显著的薪资增长。

这反映了在选择专业和职业道路时，除考虑起始薪资外，还应关注专业的长期发展潜力和行业趋势。同时，对于起薪较低但长期增长潜力大的专业，如医学和农学，社会和教育机构应提供更多的支持和激励措施，以鼓励和保留人才，促进这些领域的健康发展。

表 4-2 2020 届各学科门类本科生毕业三年后的月收入与涨幅

单位：元，%

本科学科门类名称	毕业三年后的平均月收入	毕业半年后的平均月收入	月收入涨幅
工学	10274	5913	74
经济学	9384	5524	70
理学	8563	5458	57
管理学	8483	5381	58
医学	8308	4960	68
艺术学	8198	5182	58
法学	8090	4963	63
文学	7910	5197	52
教育学	6944	4846	43
全国本科	9033	5471	65

注：个别学科门类因为样本较少，没有包括在内。

资料来源：麦可思-中国 2020 届大学毕业生三年后职业发展跟踪评价，2020 届大学毕业生培养质量跟踪评价。

表 4-3　2018 届各学科门类本科生毕业五年后的月收入与涨幅

单位：元，%

本科学科门类名称	毕业五年后的平均月收入	毕业半年后的平均月收入	月收入涨幅
工学	12212	5485	123
经济学	11156	5283	111
管理学	10614	4996	112
理学	9935	5037	97
农学	9555	4724	102
艺术学	9478	4906	93
医学	9370	4622	103
法学	9341	4690	99
文学	9263	4983	86
教育学	8180	4551	80
全国本科	10595	5135	106

注：个别学科门类因为样本较少，没有包括在内。

资料来源：麦可思－中国 2018 届大学毕业生五年后职业发展跟踪评价，2018 届大学毕业生培养质量跟踪评价。

随着信息技术的快速发展，尤其是 5G、物联网、人工智能等新兴技术的广泛应用，相关领域对电子信息类专业人才的需求持续增长。电子信息类专业 2023 届毕业生在就业市场中表现出色，毕业生起薪最高，达到了 6802 元，超过计算机类专业，居于首位。

位列其后的专业类依次是计算机类（6771 元）、仪器类（6753 元）、机械类（6727 元）、自动化类（6721 元）、电气类（6715 元）等，这些类别专业毕业生因其所在领域的技术含量高、对人才的创新要求高，起薪也相对较高（见表 4-4）。

2023年本科毕业生收入分析

表4-4　2021~2023届本科主要专业类毕业半年后的月收入

单位：元

本科专业类名称	2023届	2022届	2021届
电子信息类	6802	6662	6429
计算机类	6771	6863	6886
仪器类	6753	6631	6323
机械类	6727	6368	5972
自动化类	6721	6658	6356
电气类	6715	6396	6068
能源动力类	6620	6244	6026
测绘类	6503	6207	6008
材料类	6474	6246	5843
安全科学与工程类	6435	6294	5964
土木类	6416	6245	5931
管理科学与工程类	6391	6249	6104
交通运输类	6352	6126	5924
矿业类	6278	5969	5598
物流管理与工程类	6253	6087	5839
化工与制药类	6244	5913	5744
统计学类	6203	6217	5957
财政学类	6165	6125	5897
金融学类	6091	6122	5872
经济学类	6089	5911	5751
新闻传播学类	5974	5792	5724
生物工程类	5954	5843	5477

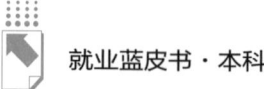

续表

本科专业类名称	2023 届	2022 届	2021 届
建筑类	5949	5733	5854
数学类	5933	5820	5758
轻工类	5863	5678	5491
环境科学与工程类	5858	5776	5403
药学类	5851	5702	5405
工商管理类	5842	5809	5633
电子商务类	5805	5738	5892
物理学类	5766	5637	5477
地理科学类	5750	5420	5330
化学类	5739	5594	5408
林学类	5730	5504	5359
生物科学类	5709	5368	5210
外国语言文学类	5695	5547	5438
经济与贸易类	5628	5545	5460
食品科学与工程类	5623	5337	5159
戏剧与影视学类	5619	5407	5400
公共卫生与预防医学类	5533	5459	5110
公共管理类	5525	5433	5217
护理学类	5514	5353	5209
心理学类	5495	5169	5185
植物生产类	5492	5170	5120
中药学类	5483	5461	5195

2023 年本科毕业生收入分析

续表

本科专业类名称	2023 届	2022 届	2021 届
社会学类	5479	5389	5188
设计学类	5467	5434	5482
旅游管理类	5464	5210	5149
中国语言文学类	5410	5268	5103
法学类	5384	5304	5125
医学技术类	5310	5312	5069
历史学类	5279	5134	4848
体育学类	5247	5064	5127
音乐与舞蹈学类	5175	5067	5240
临床医学类	5037	4889	4908
马克思主义理论类	4945	4786	4754
美术学类	4920	4811	4912
口腔医学类	4779	4821	4829
教育学类	4660	4522	4551
中医学类	4494	4469	4271
全国本科	6050	5990	5833

注：个别专业类因为样本较少，没有包括在内。

资料来源：麦可思－中国 2021~2023 届大学毕业生培养质量跟踪评价。

随着工业自动化、低碳环保等产业的持续发展，相关专业毕业生在就业市场上的需求增长迅速，这直接反映在了月收入的增速上。具体来看，机械类、矿业类、材料类、电气类专业的月收入增长较快，与 2021 届相比增长率均超过 10%，分别为 12.6%、12.1%、10.8%、10.7%。这与相关领域对专业技术人才的高需求和技术创新的推动力密切相关（见表 4-5）。

055

就业蓝皮书·本科

表4-5　2023届本科毕业生半年后月收入增长最快的前十位专业类（与2021届对比）

单位：%，元

本科专业类名称	增长率①	2023届	2021届
机械类	12.6	6727	5972
矿业类	12.1	6278	5598
材料类	10.8	6474	5843
电气类	10.7	6715	6068
能源动力类	9.9	6620	6026
生物科学类	9.6	5709	5210
食品科学与工程类	9.0	5623	5159
历史学类	8.9	5279	4848
化工与制药类	8.7	6244	5744
生物工程类	8.7	5954	5477
全国本科	3.7	6050	5833

注：毕业生规模过小的专业类不包括在此排序中。

资料来源：麦可思－中国2021届、2023届大学毕业生培养质量跟踪评价。

计算机类、电子商务类、音乐与舞蹈学类、口腔医学类专业的月收入出现负增长（见表4-6），反映了各自行业面临挑战和市场变化。

计算机类专业短期内可能因互联网行业的竞争加剧、市场饱和等原因，出现薪资增速的下降；电子商务市场的成熟和竞争加剧可能使得行业增长速度放缓，影响了相关专业毕业生的收入水平；音乐与舞蹈学类专业可能受到教育培训以及文化娱乐市场波动的影响，如政策变化以及居民在文化娱乐方面消费支出减少；口腔医学类专业可能受到政策调整，如医疗服务价格和医疗保险政策的影响。

① 月收入的"增长率"=（2023届毕业生的平均月收入－2021届毕业生的平均月收入）/2021届毕业生的平均月收入。月收入增长的幅度可能会受到基数的影响。

056

2023 年本科毕业生收入分析

表 4-6　2023 届本科毕业生半年后月收入增长最慢的前十位专业类（与 2021 届对比）
单位：%，元

本科专业类名称	增长率	2023 届	2021 届
计算机类	-1.7	6771	6886
电子商务类	-1.5	5805	5892
音乐与舞蹈学类	-1.2	5175	5240
口腔医学类	-1.0	4779	4829
设计学类	-0.3	5467	5482
美术学类	0.2	4920	4912
建筑类	1.6	5949	5854
体育学类	2.3	5247	5127
教育学类	2.4	4660	4551
临床医学类	2.6	5037	4908
全国本科	3.7	6050	5833

注：毕业生规模过小的专业类不包括在此排序中。
资料来源：麦可思－中国 2021 届、2023 届大学毕业生培养质量跟踪评价。

从长期职业发展的角度来看，计算机类、电子信息类专业毕业生在就业市场上表现出色，月收入持续保持领先。毕业五年后，这两类专业的月收入分别达到 14463 元、13393 元，显示出相关领域的专业人才随着工作经验的积累和技能的提升，能够获得更高的经济回报。

此外，能源动力类、建筑类、机械类、电气类专业的毕业生在毕业五年后的月收入涨幅也表现突出，均达到或超过 130%，这表明相关专业领域的毕业生在长期职业发展中同样具有较强的竞争力和收入增长潜力。上述专业类对应行业的特点是技术含量高、对专业技术人才的需求稳定，这为毕业生提供了良好的职业发展机会和薪资提升空间（见表 4-7、表 4-8）。

表 4-7 2020 届本科主要专业类毕业三年后的月收入与涨幅

单位：元，%

本科专业类名称	毕业三年后的平均月收入	毕业半年后的平均月收入	月收入涨幅
电子信息类	11175	6091	83
计算机类	11167	6800	64
自动化类	10307	5917	74
仪器类	10097	5984	69
管理科学与工程类	9921	5701	74
机械类	9913	5536	79
电气类	9772	5619	74
交通运输类	9716	5664	72
材料类	9564	5371	78
金融学类	9561	5587	71
电子商务类	9499	5829	63
建筑类	9495	5494	73
土木类	9169	5501	67
环境科学与工程类	8954	5015	79
经济与贸易类	8948	5378	66
物流管理与工程类	8914	5450	64
数学类	8864	5632	57
新闻传播学类	8765	5498	59
医学技术类	8581	4865	76
护理学类	8543	5164	65
设计学类	8493	5166	64
经济学类	8448	5451	55

2023 年本科毕业生收入分析

续表

本科专业类名称	毕业三年后的平均月收入	毕业半年后的平均月收入	月收入涨幅
药学类	8415	5125	64
戏剧与影视学类	8307	5069	64
地理科学类	8217	5125	60
化工与制药类	8107	5364	51
法学类	8079	4895	65
旅游管理类	8063	4983	62
工商管理类	8045	5305	52
食品科学与工程类	8016	4732	69
临床医学类	7974	4743	68
外国语言文学类	7969	5238	52
生物科学类	7933	5071	56
公共管理类	7874	5073	55
化学类	7821	5124	53
美术学类	7581	4859	56
体育学类	7231	5107	42
中国语言文学类	7105	5025	41
音乐与舞蹈学类	7028	5216	35
教育学类	6821	4460	53
全国本科	9033	5471	65

注：个别专业类因为样本较少，没有包括在内。

资料来源：麦可思－中国 2020 届大学毕业生三年后职业发展跟踪评价，2020 届大学毕业生培养质量跟踪评价。

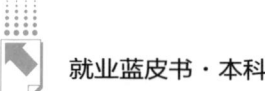
就业蓝皮书·本科

表 4-8　2018 届本科主要专业类毕业五年后的月收入与涨幅

单位：元，%

本科专业类名称	毕业五年后的平均月收入	毕业半年后的平均月收入	月收入涨幅
计算机类	14463	6488	123
电子信息类	13393	5875	128
自动化类	12488	5621	122
能源动力类	12463	5034	148
机械类	11971	5142	133
电气类	11811	5125	130
管理科学与工程类	11808	5271	124
建筑类	11718	4968	136
金融学类	11431	5401	112
材料类	11334	4973	128
电子商务类	11217	5368	109
经济学类	10913	5167	111
土木类	10838	4906	121
物流管理与工程类	10804	5121	111
经济与贸易类	10796	4942	118
工商管理类	10317	4891	111
戏剧与影视学类	10299	4846	113
数学类	10121	5209	94
新闻传播学类	10089	5045	100
环境科学与工程类	10073	4720	113
法学类	10066	4574	120
药学类	9954	4751	110
设计学类	9896	4942	100
化工与制药类	9873	4919	101

2023 年本科毕业生收入分析

续表

本科专业类名称	毕业五年后的平均月收入	毕业半年后的平均月收入	月收入涨幅
旅游管理类	9850	4629	113
公共管理类	9774	4779	105
物理学类	9674	4912	97
心理学类	9671	4573	111
化学类	9573	4668	105
临床医学类	9549	4392	117
护理学类	9480	4792	98
外国语言文学类	9341	5087	84
食品科学与工程类	9275	4645	100
生物科学类	9117	4770	91
地理科学类	8707	4717	85
体育学类	8692	5019	73
美术学类	8558	4602	86
音乐与舞蹈学类	8468	4850	75
社会学类	8390	4596	83
中国语言文学类	8018	4732	69
教育学类	7781	4229	84
全国本科	10595	5135	106

注：个别专业类因为样本较少，没有包括在内。

资料来源：麦可思－中国 2018 届大学毕业生五年后职业发展跟踪评价，2018 届大学毕业生培养质量跟踪评价。

伴随着人工智能、大数据、集成电路、新一代信息通信技术等高科技领域的快速发展，相关专业的毕业生在就业市场上展现出显著的薪资优势。2023 届本科生毕业半年后月收入 50 强专业中，信息安全、微电子科学与工程、软件工程、数据科学与大数据技术、电子科学与技术位列前五（见表 4-9）。

061

表 4-9　2023 届本科生毕业半年后月收入排前 50 位专业

单位：元

本科专业名称	毕业半年后的平均月收入
信息安全	7756
微电子科学与工程	7151
软件工程	7061
数据科学与大数据技术	7014
电子科学与技术	7011
物联网工程	6967
智能科学与技术	6966
光电信息科学与工程	6911
电子信息科学与技术	6872
机械电子工程	6842
自动化	6837
材料成型及控制工程	6810
机械工程	6792
机械设计制造及其自动化	6768
工业工程	6766
网络工程	6765
测控技术与仪器	6753
电气工程及其自动化	6719
信息管理与信息系统	6714
新能源科学与工程	6684
通信工程	6653
道路桥梁与渡河工程	6652
电子信息工程	6648
能源与动力工程	6602
过程装备与控制工程	6540
生物医学工程	6535

2023年本科毕业生收入分析

续表

本科专业名称	毕业半年后的平均月收入
计算机科学与技术	6534
交通运输	6491
材料科学与工程	6485
统计学	6482
物流工程	6450
安全工程	6440
金融学	6434
建筑电气与智能化	6433
车辆工程	6421
机器人工程	6404
测绘工程	6393
无机非金属材料工程	6382
水利水电工程	6372
信息与计算科学	6371
土木工程	6367
工业设计	6343
地质工程	6341
采矿工程	6329
化学工程与工艺	6312
高分子材料与工程	6297
财政学	6290
交通工程	6243
给排水科学与工程	6243
建筑环境与能源应用工程	6215
全国本科	6050

注：毕业生规模过小的专业不包括在此排序中。

资料来源：麦可思－中国2023届大学毕业生培养质量跟踪评价。

063

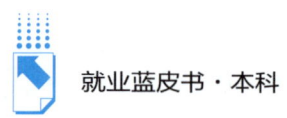

就业蓝皮书·本科

三 就业地收入分析

区域经济发展水平和产业结构是影响薪资水平的重要因素。东部地区由于经济发展较早、产业集群效应明显,且对外开放程度较高,因此就业市场的薪资水平普遍高于其他地区。2023届在东部地区就业的本科毕业生毕业半年后月收入为6642元,毕业生在毕业三年后、五年后的薪资增长上也表现出明显优势(见表4-10、表4-11、表4-12)。

从三大经济区域来看,长三角地区因其独特的经济地位和产业优势,在就业市场上展现出显著的薪资领先地位。在长三角地区就业的本科毕业生在毕业半年后、三年后、五年后的月收入均保持领先,反映了该地区对人才的高需求(见表4-13、表4-14、表4-15)。对于求职者而言,在长三角地区发展职业生涯是一个具有吸引力的选项,但同时也需要考虑到个人的职业规划、生活成本和适应能力。

表4-10 2021~2023届本科生毕业半年后在各区域就业的月收入变化趋势

单位:元

各区域	2023届	2022届	2021届
东部地区	6642	6578	6395
西部地区	5468	5370	5288
中部地区	5441	5192	5094
东北地区	5151	4959	4713
全国本科	6050	5990	5833

资料来源:麦可思-中国2021~2023届大学毕业生培养质量跟踪评价。

2023年本科毕业生收入分析

表4-11 2020届本科生毕业三年后在各区域就业的月收入与涨幅

单位：元，%

各区域	毕业三年后的平均月收入	毕业半年后的平均月收入	月收入涨幅
东部地区	10168	6030	69
西部地区	7766	4955	57
中部地区	7244	4809	51
东北地区	6716	4494	49
全国本科	9033	5471	65

资料来源：麦可思－中国2020届大学毕业生三年后职业发展跟踪评价，2020届大学毕业生培养质量跟踪评价。

表4-12 2018届本科生毕业五年后在各区域就业的月收入与涨幅

单位：元，%

各区域	毕业五年后的平均月收入	毕业半年后的平均月收入	月收入涨幅
东部地区	12275	5605	119
西部地区	9088	4707	93
中部地区	8852	4514	96
东北地区	8287	4198	97
全国本科	10595	5135	106

资料来源：麦可思－中国2018届大学毕业生五年后职业发展跟踪评价，2018届大学毕业生培养质量跟踪评价。

表4-13 2021~2023届本科生毕业半年后在三大经济区域就业的月收入变化趋势

单位：元

三大经济区域	2023届	2022届	2021届
长三角地区	6691	6631	6492
珠三角地区	6605	6585	6431
京津冀地区	6553	6522	6366
全国本科	6050	5990	5833

资料来源：麦可思－中国2021~2023届大学毕业生培养质量跟踪评价。

表 4-14　2020 届本科生毕业三年后在三大经济区域就业的月收入与涨幅

单位：元，%

三大经济区域	毕业三年后的平均月收入	毕业半年后的平均月收入	月收入涨幅
长三角地区	10387	6150	69
京津冀地区	10204	5982	71
珠三角地区	10190	6067	68
全国本科	9033	5471	65

资料来源：麦可思－中国 2020 届大学毕业生三年后职业发展跟踪评价，2020 届大学毕业生培养质量跟踪评价。

表 4-15　2018 届本科生毕业五年后在三大经济区域就业的月收入与涨幅

单位：元，%

三大经济区域	毕业五年后的平均月收入	毕业半年后的平均月收入	月收入涨幅
长三角地区	12542	5621	123
珠三角地区	12311	5562	121
京津冀地区	12213	5481	123
全国本科	10595	5135	106

资料来源：麦可思－中国 2018 届大学毕业生五年后职业发展跟踪评价，2018 届大学毕业生培养质量跟踪评价。

近五年来，应届本科毕业生在一线城市和新一线城市的月收入上均呈现上升趋势。一线城市由于其经济发展水平、产业集聚度和国际化程度较高，因此提供给毕业生的起始薪资水平较高。2023 届毕业生在一线城市的月收入达到 7624 元，相比 2019 届增长了 11%，这一增长反映了一线城市经济的稳健增长和对高素质人才的持续需求。

新一线城市虽然起步较晚，但近年来发展迅速，特别是在吸引人才和推动创新方面表现突出。2023 届毕业生在新一线城市的月收入为 6347 元，相比 2019 届增长了 17%，增速高于一线城市（见图 4-5）。这一增速的领先可能与新一线城市在吸引人才方面有政策优势、生活成本较低和生活质量较高有关。新一线城市通常提供更为优惠的住房政策和生活补贴，使得毕业生在剔除住房成本后的实际购买力不输于一线城市。

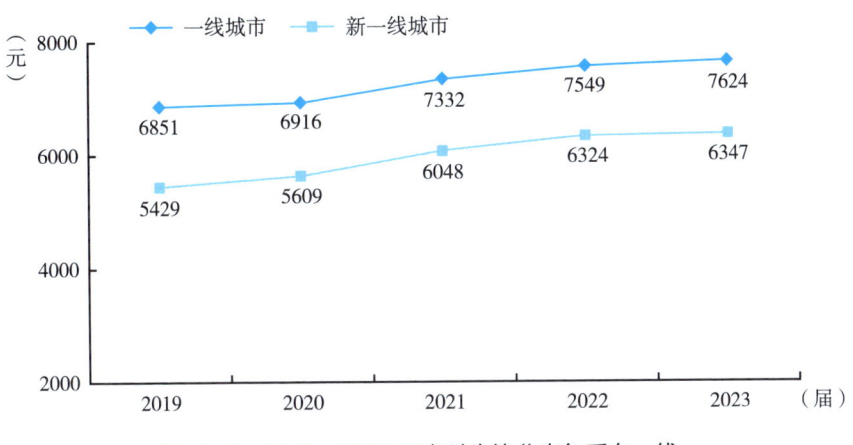

图 4-5　2019~2023 届本科生毕业半年后在一线、新一线城市就业的月收入变化趋势

资料来源：麦可思－中国 2019~2023 届大学毕业生培养质量跟踪评价。

毕业生在职场中期的月收入增长情况显示，无论是一线城市还是新一线城市，薪资水平都随着工作经验的增加而显著提升。具体来看，毕业三年后，在一线城市和新一线城市就业的本科毕业生薪资涨幅均超过了 65%（见图 4-6），这表明随着专业技能的增强和职业经验的积累，毕业生的市场价值得到了提升。

进一步观察毕业五年后的薪资情况，一线城市的月收入达到了 15161 元，相比同届毕业半年后的薪资涨幅为 132%；新一线城市的月收入达到了 11398 元，涨幅为 123%（见图 4-7）。这两个涨幅均显著高于全国本科平均水平（106%），说明一线城市和新一线城市的薪资增长速度快于全国平均水平。

一线城市和新一线城市的薪资增长情况表明，这些地区对于毕业生而言是具有较强吸引力的就业目的地，毕业生选择在这些城市发展职业生涯可以获得更高的薪资回报和更多的职业发展机会。同时，这也提示高等教育机构和政策制定者需更加关注区域发展差异,优化人才培养和流动机制,以促进人才的合理分布和区域经济的均衡发展。

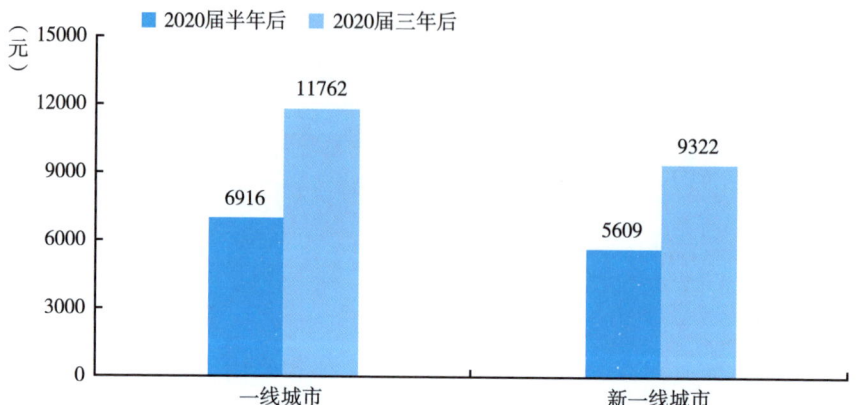

图 4-6 2020 届本科生毕业半年后、三年后在一线、新一线城市就业的月收入

资料来源:麦可思 - 中国 2020 届大学毕业生三年后职业发展跟踪评价,2020 届大学毕业生培养质量跟踪评价。

图 4-7 2018 届本科生毕业半年后、三年后、五年后在一线、新一线城市就业的月收入

资料来源:麦可思 - 中国 2018 届大学毕业生五年后职业发展跟踪评价,2018 届大学毕业生三年后职业发展跟踪评价,2018 届大学毕业生培养质量跟踪评价。

2023年本科毕业生收入分析

四　行业、职业收入分析

电子电气设备制造业在2023届本科毕业生月收入排名中位列第一，达到了7153元，反映了随着智能设备、数字技术、新能源等领域的快速发展，该行业在技术创新和市场需求方面处于领先，对专业技术人才的需求增加。信息传输、软件和信息技术服务业月收入为6915元，位列第二，但初始薪资水平出现下降，这可能与行业内竞争激烈、业务调整以及技术革新速度放缓有关。交通运输设备制造业的月收入持续增长，2023届达到6763元，排名第三，这与新能源汽车产业的快速发展密切相关；随着全球对环保和可持续发展的重视，新能源汽车产业迎来了快速增长期，对相关技术人才的需求也随之增加（见表4-16）。

综上，行业发展动态、技术创新和市场需求是影响行业薪资水平的关键因素。对于学生和职场人士而言，选择专业和发展职业时应密切关注行业趋势，以便做出适应市场需求的决策。同时，这也提示高等教育机构和政策制定者应更加关注行业变化，加强与产业界的合作，优化人才培养策略，以满足经济发展的需求。

表 4-16　2021~2023届本科生毕业半年后在主要行业类的月收入

单位：元

本科行业类名称	2023届	2022届	2021届
电子电气设备制造业（含计算机、通信、家电等）	7153	6833	6508
信息传输、软件和信息技术服务业	6915	7113	6781
交通运输设备制造业	6763	6456	5971
电力、热力、燃气及水生产和供应业	6669	6263	5882
运输业	6669	6332	6351
金融业	6479	6372	6100

续表

本科行业类名称	2023 届	2022 届	2021 届
机械设备制造业	6413	6074	5521
化学品、化工、塑胶制造业	6398	5973	5445
建筑业	6320	6089	5844
采矿业	6304	5924	5488
医药及设备制造业	6254	6242	5791
其他制造业	6120	6037	5606
邮递、物流及仓储业	6037	5764	5484
金属冶炼和压延加工业	6033	5716	5218
食品、烟草、加工业	6022	5623	5387
文化、体育和娱乐业	5837	5692	5776
零售业	5778	5704	5638
各类专业设计与咨询服务业	5774	5753	5552
农、林、牧、渔业	5727	5477	5089
家具制造业	5707	5470	5249
房地产开发及租赁业	5614	5645	5618
纺织、服装、皮革制造业	5527	5288	5081
玻璃黏土、石灰水泥制品业	5506	5237	4948
医疗和社会护理服务业	5425	5244	5113
行政、商业和环境保护辅助业	5375	5353	5295
批发业	5373	5285	5156
教育业	5253	4982	5062
政府及公共管理	5219	5057	5049
居民服务、修理和其他服务业	5097	5083	5088
住宿和餐饮业	5078	4899	4849
全国本科	6050	5990	5833

注：个别行业类因为样本较少，没有包括在内。

资料来源：麦可思－中国 2021~2023 届大学毕业生培养质量跟踪评价。

2023年本科毕业生收入分析

从月收入增长较快的行业类来看，化工、机械、冶金、采矿、电力等领域稳步增长，这与相关行业的技术创新升级、国家和地方对基础设施建设的投入、产业优化升级、国内外市场需求等因素有关（见表4-17）。

房地产开发及租赁业的月收入与2021届相比略有下降，这可能与房地产市场调控政策、市场供需变化、金融环境调整等因素有关（见表4-18）。

表4-17 2023届本科生毕业半年后月收入增长最快的前五位行业类（与2021届对比）
单位：%，元

本科行业类名称	增长率	2023届	2021届
化学品、化工、塑胶制造业	17.5	6398	5445
机械设备制造业	16.2	6413	5521
金属冶炼和压延加工业	15.6	6033	5218
采矿业	14.9	6304	5488
电力、热力、燃气及水生产和供应业	13.4	6669	5882
全国本科	3.7	6050	5833

注：毕业生规模过小的行业类不包括在此排序中。
资料来源：麦可思－中国2021届、2023届大学毕业生培养质量跟踪评价。

表4-18 2023届本科生毕业半年后月收入增长最慢的前五位行业类（与2021届对比）
单位：%，元

本科行业类名称	增长率	2023届	2021届
房地产开发及租赁业	-0.1	5614	5618
居民服务、修理和其他服务业	0.2	5097	5088
文化、体育和娱乐业	1.1	5837	5776
行政、商业和环境保护辅助业	1.5	5375	5295
信息传输、软件和信息技术服务业	2.0	6915	6781
全国本科	3.7	6050	5833

注：毕业生规模过小的行业类不包括在此排序中。
资料来源：麦可思－中国2021届、2023届大学毕业生培养质量跟踪评价。

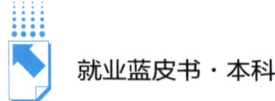

从毕业生职场中期的月收入来看，信息传输、软件和信息技术服务业以及电子电气设备制造业在毕业三年后、五年后薪资排名中位于前列；从月收入涨幅来看，交通运输设备制造业五年后涨幅（150%）最高（见表4-19、表4-20）。上述情况反映出高科技领域的技术创新发展以及高技术人才的能力提升较快，随着工作经验的积累，薪资水平提升明显。

表4-19　2020届本科生毕业三年后在主要行业类的月收入与涨幅

单位：元，%

本科行业类名称	毕业三年后的平均月收入	毕业半年后的平均月收入	月收入涨幅
信息传输、软件和信息技术服务业	11100	6475	71
电子电气设备制造业（含计算机、通信、家电等）	10876	6021	81
金融业	9938	5769	72
交通运输设备制造业	9572	5531	73
各类专业设计与咨询服务业	9272	5284	75
医药及设备制造业	9197	5346	72
零售业	9183	5331	72
文化、体育和娱乐业	9152	5500	66
电力、热力、燃气及水生产和供应业	9101	5502	65
建筑业	8973	5400	66
机械设备制造业	8821	5061	74
运输业	8770	6317	39
房地产开发及租赁业	8525	5388	58
化学品、化工、塑胶制造业	8436	5018	68
食品、烟草、加工业	8338	4965	68
批发业	8249	5019	64
其他制造业	8172	5246	56
邮递、物流及仓储业	8172	5224	56

2023 年本科毕业生收入分析

续表

本科行业类名称	毕业三年后的平均月收入	毕业半年后的平均月收入	月收入涨幅
医疗和社会护理服务业	7994	4955	61
采矿业	7983	5058	58
农、林、牧、渔业	7974	4764	67
住宿和餐饮业	7896	4640	70
纺织、服装、皮革制造业	7756	4700	65
居民服务、修理和其他服务业	7684	4765	61
行政、商业和环境保护辅助业	7321	4922	49
教育业	7129	5032	42
政府及公共管理	7011	4972	41
全国本科	9033	5471	65

注：个别行业类因为样本较少，没有包括在内。

资料来源：麦可思－中国 2020 届大学毕业生三年后职业发展跟踪评价，2020 届大学毕业生培养质量跟踪评价。

表 4-20　2018 届本科生毕业五年后在主要行业类的月收入与涨幅

单位：元，%

本科行业类名称	毕业五年后的平均月收入	毕业半年后的平均月收入	月收入涨幅
信息传输、软件和信息技术服务业	14243	6241	128
电子电气设备制造业（含计算机、通信、家电等）	13803	5736	141
交通运输设备制造业	12522	5003	150
金融业	11845	5678	109
医药及设备制造业	11770	4811	145
零售业	11724	5090	130

续表

本科行业类名称	毕业五年后的平均月收入	毕业半年后的平均月收入	月收入涨幅
各类专业设计与咨询服务业	11410	5201	119
运输业	11095	6047	83
电力、热力、燃气及水生产和供应业	11049	5114	116
房地产开发及租赁业	11038	5099	116
批发业	11015	4866	126
机械设备制造业	10832	4568	137
文化、体育和娱乐业	10792	5401	100
其他制造业	10584	4976	113
建筑业	10531	4982	111
邮递、物流及仓储业	10400	5031	107
纺织、服装、皮革制造业	10270	4318	138
化学品、化工、塑胶制造业	10092	4447	127
食品、烟草、加工业	9835	4653	111
住宿和餐饮业	9531	4648	105
采矿业	9387	4502	109
医疗和社会护理服务业	9358	4703	99
居民服务、修理和其他服务业	9124	4708	94
农、林、牧、渔业	8912	4304	107
行政、商业和环境保护辅助业	8483	4717	80
教育业	8142	4814	69
政府及公共管理	7924	4741	67
全国本科	10595	5135	106

注：个别行业类因为样本较少，没有包括在内。

资料来源：麦可思－中国2018届大学毕业生五年后职业发展跟踪评价，2018届大学毕业生培养质量跟踪评价。

月收入排名前十的行业中,数字经济核心产业的表现突出,反映了当前经济发展的趋势和重点领域。这些行业因为与科技创新紧密相关,对高技术专业人才需求大,薪资水平较高。其中,软件开发业薪资水平位列榜首,达到7709元,其后依次是半导体和其他电子元件制造业(7384元)、通信设备制造业(7311元)等(见图4-8)。

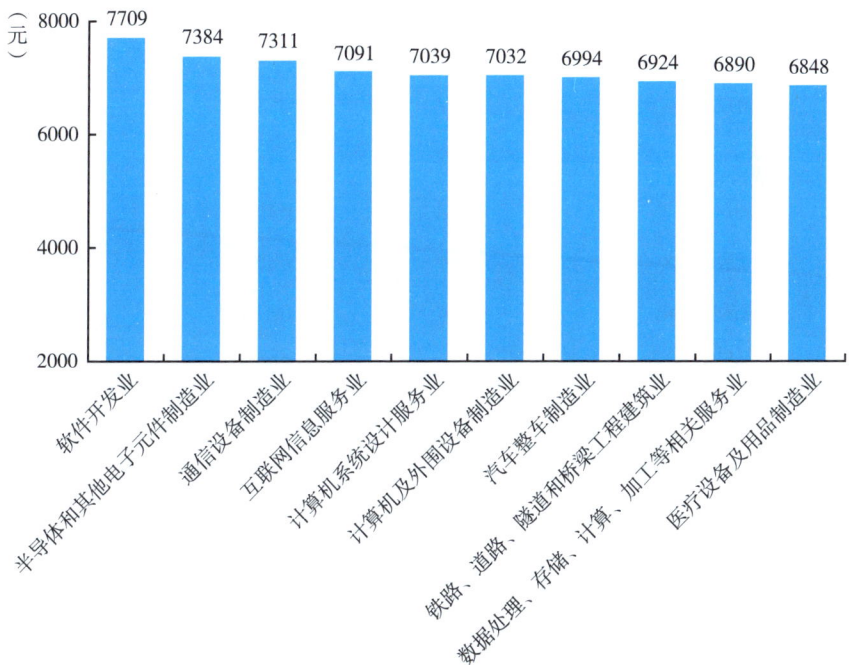

图4-8 2023届本科生毕业半年后月收入最高的前十位行业

注:毕业生规模过小的行业不包括在此排序中。

资料来源:麦可思-中国2023届大学毕业生培养质量跟踪评价。

计算机与数据处理类职业因其在数字化时代的重要性,月收入持续保持领先,2023届毕业生的月收入达到了7306元。电气/电子(不包括计算机)类职业的月收入增长显著,2023届收入达到7127元,超过互联网开发及应用类职业,位列第二;这可能与电气/电子相关职业在智能制造、新能源技术、

智能设备等领域的应用扩展有关,这些领域的发展对电气和电子工程技术人员的需求不断增加(见表4-21)。

表4-21 2021~2023届本科生毕业半年后从事的主要职业类的月收入

单位:元

本科职业类名称	2023届	2022届	2021届
计算机与数据处理	7306	7219	7005
电气/电子(不包括计算机)	7127	6791	6293
互联网开发及应用	6977	7142	6885
生产/运营	6752	6391	6137
机械/仪器仪表	6723	6234	5717
经营管理	6714	6830	6440
交通运输/邮电	6684	6373	6441
电力/能源	6646	6209	5865
机动车机械/电子	6533	6054	5588
金融(银行/基金/证券/期货/理财)	6503	6280	6033
生物/化工	6449	5965	5407
建筑工程	6390	6131	5881
工业安全与质量	6316	6164	5873
研究人员	6176	6025	5541
销售	6117	6077	5926
表演艺术/影视	6113	5907	6005
矿山/石油	6110	5703	5279
物流/采购	6102	5950	5708
媒体/出版	5950	5745	5737
房地产经营	5854	5880	5806

2023 年本科毕业生收入分析

续表

本科职业类名称	2023 届	2022 届	2021 届
人力资源	5809	5703	5462
测绘	5808	5748	5479
农/林/牧/渔类	5745	5393	5043
公安/检察/法院/经济执法	5609	5402	5363
保险	5583	5440	5366
美术/设计/创意	5553	5466	5277
律师/律政调查员	5519	5442	5132
文化/体育	5439	5215	5301
财务/审计/税务/统计	5398	5236	5192
医疗保健/紧急救助	5377	5238	5117
环境保护	5350	5170	4915
职业培训/其他教育	5278	4956	5099
中小学教育	5233	5027	5034
酒店/旅游/会展	5202	5053	5159
餐饮/娱乐	5183	5046	5022
行政/后勤	5154	4990	4968
中等职业教育	5044	4882	4779
幼儿与学前教育	4667	4535	4424
社区工作者	4656	4564	4459
全国本科	6050	5990	5833

注：个别职业类因为样本较少，没有包括在内。
资料来源：麦可思 - 中国 2021~2023 届大学毕业生培养质量跟踪评价。

在收入增长较快的职业类别中，生物/化工、机械/仪器仪表、机动车机械/电子、矿山/石油等类型职业的增长率均在 15% 以上，这表明相关领域

077

的经济活动和市场需求保持活跃，对上述职业的人才需求增长，薪资水平提升（见表4-22）。

相比之下，房地产经营、酒店/旅游/会展类职业的月收入增长率较低，均为0.8%，这可能与这些行业受到宏观经济波动、政策调整、市场饱和度以及消费者行为变化等因素的影响有关。例如，房地产市场的调控政策和旅游行业的周期性波动可能导致这些职业在过去三年薪资增长较缓（见表4-23）。

表4-22　2023届本科生毕业半年后月收入增长最快的前十位职业类（与2021届对比）

单位：%，元

本科职业类名称	增长率	2023届	2021届
生物/化工	19.3	6449	5407
机械/仪器仪表	17.6	6723	5717
机动车机械/电子	16.9	6533	5588
矿山/石油	15.7	6110	5279
农/林/牧/渔类	13.9	5745	5043
电力/能源	13.3	6646	5865
电气/电子（不包括计算机）	13.3	7127	6293
研究人员	11.5	6176	5541
生产/运营	10.0	6752	6137
环境保护	8.9	5350	4915
全国本科	3.7	6050	5833

注：毕业生规模过小的职业类不包括在此排序中。

资料来源：麦可思－中国2021届、2023届大学毕业生培养质量跟踪评价。

2023 年本科毕业生收入分析

表 4-23　2023 届本科生毕业半年后月收入增长最慢的前十位职业类（与 2021 届对比）

单位：%，元

本科职业类名称	增长率	2023 届	2021 届
房地产经营	0.8	5854	5806
酒店/旅游/会展	0.8	5202	5159
互联网开发及应用	1.3	6977	6885
表演艺术/影视	1.8	6113	6005
文化/体育	2.6	5439	5301
餐饮/娱乐	3.2	5183	5022
销售	3.2	6117	5926
职业培训/其他教育	3.5	5278	5099
媒体/出版	3.7	5950	5737
行政/后勤	3.7	5154	4968
全国本科	3.7	6050	5833

注：毕业生规模过小的职业类不包括在此排序中。

资料来源：麦可思－中国 2021 届、2023 届大学毕业生培养质量跟踪评价。

互联网开发及应用、计算机与数据处理类职业的薪资水平在毕业中期保持领先，反映了这些职业在数字经济中的重要作用和对专业技术人才的高需求。毕业五年后，这些职业的月收入在 15000 元以上。无论是在毕业初期还是在毕业三年或五年后，互联网和计算机相关职业都表现出了明显的薪资优势，这也和相关领域的快速发展与技术创新紧密相关（见表 4-24、表 4-25）。

此外，律师/律政调查员职业因其专业性和法律知识要求，从业门槛较高。本科毕业生的起始薪资相对较低，主要由于缺乏实践经验、专业应用能力以及独立开展业务的资格。但随着学历提升、工作经验增加和执业资格证书的获取，律师的职业发展潜力显著，毕业五年后月收入涨幅可达 178%。这表明，尽管起点较低，但从长期来看，律师职业具有显著的收入增长和职业发展优势。

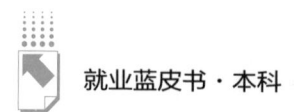

表4-24 2020届本科生毕业三年后从事的主要职业类的月收入与涨幅

单位：元，%

本科职业类名称	毕业三年后的平均月收入	毕业半年后的平均月收入	月收入涨幅
互联网开发及应用	11569	6634	74
计算机与数据处理	11483	6672	72
电气/电子（不包括计算机）	10621	5811	83
经营管理	10607	6078	75
销售	10118	5647	79
表演艺术/影视	9505	5696	67
金融（银行/基金/证券/期货/理财）	9443	5640	67
机动车机械/电子	9378	5179	81
电力/能源	9372	5512	70
媒体/出版	9206	5419	70
律师/律政调查员	9048	4855	86
美术/设计/创意	8997	4995	80
机械/仪器仪表	8931	5223	71
建筑工程	8902	5422	64
生产/运营	8887	5710	56
交通运输/邮电	8877	6410	38
研究人员	8802	5093	73
房地产经营	8545	5536	54
物流/采购	8261	5371	54
工业安全与质量	8260	5503	50
医疗保健/紧急救助	8134	4925	65
人力资源	8072	5115	58
生物/化工	8036	4922	63
农/林/牧/渔类	7914	4591	72

2023 年本科毕业生收入分析

续表

本科职业类名称	毕业三年后的平均月收入	毕业半年后的平均月收入	月收入涨幅
财务/审计/税务/统计	7830	4997	57
环境保护	7822	4682	67
职业培训/其他教育	7787	5079	53
公安/检察/法院/经济执法	7395	5066	46
保险	7374	5257	40
中小学教育	6878	4795	43
行政/后勤	6786	4691	45
幼儿与学前教育	6150	4401	40
社区工作者	5423	4415	23
全国本科	9033	5471	65

注：个别职业类因为样本较少，没有包括在内。
资料来源：麦可思-中国 2020 届大学毕业生三年后职业发展跟踪评价，2020 届大学毕业生培养质量跟踪评价。

表 4-25　2018 届本科生毕业五年后从事的主要职业类的月收入与涨幅

单位：元，%

本科职业类名称	毕业五年后的平均月收入	毕业半年后的平均月收入	月收入涨幅
互联网开发及应用	15381	6470	138
计算机与数据处理	15056	6457	133
经营管理	13782	5899	134
销售	12823	5474	134
电气/电子（不包括计算机）	12677	5502	130
律师/律政调查员	12361	4445	178
金融（银行/基金/证券/期货/理财）	11794	5409	118
生产/运营	11791	5439	117

081

续表

本科职业类名称	毕业五年后的平均月收入	毕业半年后的平均月收入	月收入涨幅
机动车机械/电子	11538	4736	144
房地产经营	11516	5446	111
表演艺术/影视	11384	5476	108
美术/设计/创意	11083	4847	129
交通运输/邮电	11070	6099	82
电力/能源	11044	5158	114
机械/仪器仪表	11013	4708	134
研究人员	10894	4908	122
建筑工程	10869	4849	124
物流/采购	10703	5224	105
媒体/出版	10633	5223	104
工业安全与质量	9869	5008	97
生物/化工	9735	4454	119
人力资源	9730	4731	106
环境保护	9466	4438	113
医疗保健/紧急救助	9441	4648	103
财务/审计/税务/统计	9221	4779	93
职业培训/其他教育	9016	4804	88
农/林/牧/渔类	8893	4307	106
公安/检察/法院/经济执法	8346	4773	75
保险	8153	5114	59
行政/后勤	7640	4505	70
中小学教育	7537	4598	64
幼儿与学前教育	6703	4111	63
社区工作者	5972	4211	42
全国本科	10595	5135	106

注：个别职业类因为样本较少，没有包括在内。

资料来源：麦可思－中国2018届大学毕业生五年后职业发展跟踪评价，2018届大学毕业生培养质量跟踪评价。

月收入排名靠前的职业主要集中在数字技术相关岗位，反映出当前经济发展对高技术人才的强烈需求。具体来看，集成电路工程技术人员的月收入最高，2023届达到8305元，这可能与全球对半导体和集成电路的高需求以及该领域技术的复杂性有关。

互联网开发人员、工业互联网工程技术人员、计算机程序员、游戏策划人员等职业的月收入也较高，这些职业涉及软件开发、网络构建、系统维护、创意设计、内容开发等领域，是数字化转型的关键力量，市场需求持续增长（见表4-26）。

表4-26　2023届本科生毕业半年后月收入最高的前50位职业

单位：元

职业名称	毕业半年后的平均月收入
集成电路工程技术人员	8305
互联网开发人员	7974
工业互联网工程技术人员	7620
计算机程序员	7589
游戏策划人员	7534
项目经理	7402
软件质量保证和测试工程技术人员	7398
销售工程师	7382
软件开发人员	7333
大数据工程技术人员	7243
汽车电子工程技术人员	7190
半导体加工人员	7132
信息安全、网络安全测试和分析人员	7110
市场经理	6996
销售代表（医疗用品）	6956
银行信贷员	6873

续表

职业名称	毕业半年后的平均月收入
运营经理	6872
电子工程技术人员	6823
销售经理	6789
电路绘图人员	6770
计算机网络管理人员	6743
其他计算机专业人员	6678
个人理财顾问	6661
工业工程技术人员	6658
发电站、变电站和中继站的电子和电气修理技术人员	6652
计算机售前、售后技术支持人员	6603
一线销售经理（零售）	6584
电子和电气设备装配技术人员	6578
工业设计师	6534
仓储主管	6533
广告策划人员	6515
电气工程技术人员	6513
建筑施工人员	6504
材料工程技术人员	6496
电气制图技术人员	6484
直播销售人员	6462
税务专员	6452
市场专员	6424
船舶工程技术人员	6424
银行柜员	6398
电厂操作人员	6372
生物医学工程技术人员	6348

2023年本科毕业生收入分析

续表

职业名称	毕业半年后的平均月收入
土木工程技术人员	6343
化工厂系统操作人员	6337
证券、期货和金融服务销售代理	6333
网站管理和维护人员	6314
销售代表（批发和制造业，不包括科技类产品）	6293
销售代表（机械设备和零件）	6292
安全工程技术人员	6268
工业机械技术人员	6255
全国本科	6050

注：毕业生规模过小的职业不包括在此排序中。
资料来源：麦可思－中国2023届大学毕业生培养质量跟踪评价。

五 用人单位收入分析

中外合资/外资/独资企业凭借国际化运营和管理模式，为毕业生提供的起薪相对较高，2023届达6958元（见图4-9）。随着毕业生在职场中积累经验和提升能力，在民营企业/个体就业的毕业生薪资增长显著，2020届本科生毕业三年后薪资近万元，涨幅为79%（见图4-10）；2018届本科生毕业五年后薪资达到12051元，涨幅为138%（见图4-11）。这可能与民营企业的灵活性、创新能力和快速适应市场变化的能力有关，这对于推动经济发展、促进就业和激发市场活力具有重要作用。

这些趋势表明，毕业生在选择就业企业时，不仅要考虑起始薪资，还要关注企业的发展潜力和个人职业成长的可能性。对于政策制定者和高等教育机构而言，这一现象提示应继续支持民营企业的发展，通过政策引导和教育培训，促进人才的合理流动和优化配置，以更好地满足社会和经济发展的需要。

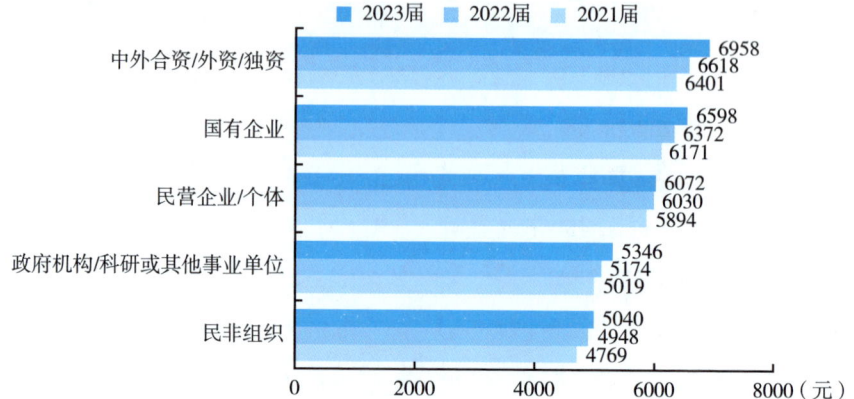

图 4-9　2021~2023 届本科生毕业半年后在各类型用人单位的月收入

资料来源：麦可思－中国 2021~2023 届大学毕业生培养质量跟踪评价。

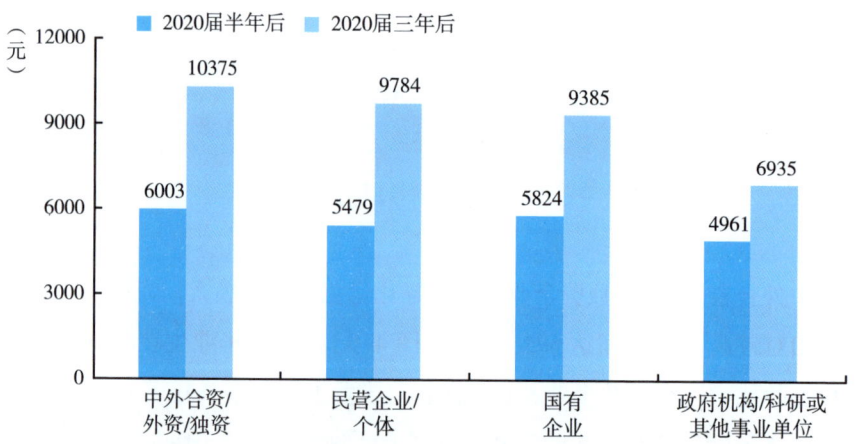

图 4-10　2020 届本科生毕业三年后在各类型用人单位的月收入

注：民非组织因为样本较少，没有包括在内。

资料来源：麦可思－中国 2020 届大学毕业生三年后职业发展跟踪评价，2020 届大学毕业生培养质量跟踪评价。

从毕业初期和中期来看，企业规模与薪资水平呈现正相关关系，即企业规模越大，提供的薪资水平越高，这可能与大企业通常拥有更稳定的财务状况、更完善的薪酬体系和更丰富的资源有关。2023 届毕业生在 3000 人以上规模用人单位的月收入最高，达到 7076 元（见图 4-12）。2018 届本科生毕业五

2023年本科毕业生收入分析

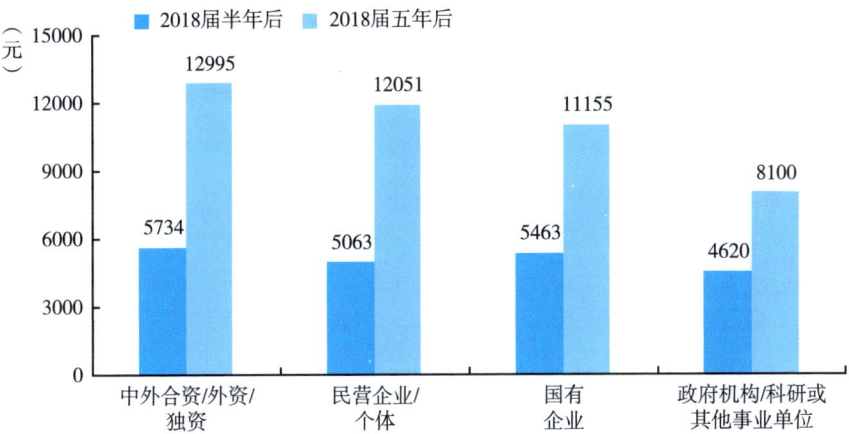

图 4-11　2018届本科生毕业五年后在各类型用人单位的月收入

注：民非组织因为样本较少，没有包括在内。

资料来源：麦可思-中国2018届大学毕业生五年后职业发展跟踪评价，2018届大学毕业生培养质量跟踪评价。

年后，3000人以上规模用人单位的薪资涨幅最大，达到125%（见图4-14）。当然在大企业也可能面临更多的竞争和晋升压力。

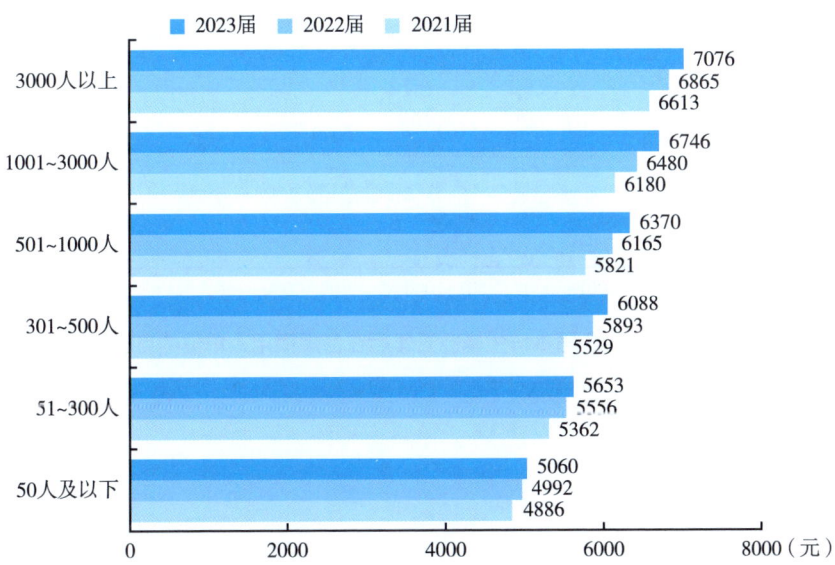

图 4-12　2021~2023届本科生毕业半年后在各规模用人单位的月收入

资料来源：麦可思-中国2021~2023届大学毕业生培养质量跟踪评价。

087

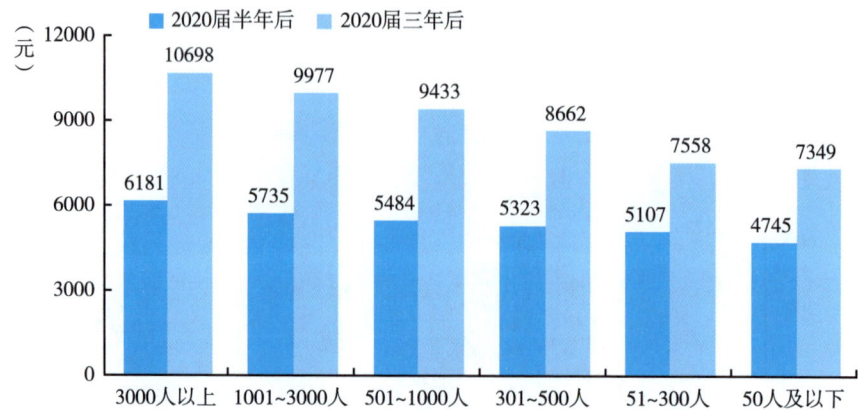

图4-13 2020届本科生毕业三年后在各规模用人单位的月收入

资料来源：麦可思-中国2020届大学毕业生三年后职业发展跟踪评价，2020届大学毕业生培养质量跟踪评价。

图4-14 2018届本科生毕业五年后在各规模用人单位的月收入

资料来源：麦可思-中国2018届大学毕业生五年后职业发展跟踪评价，2018届大学毕业生培养质量跟踪评价。

B.5
2023年本科毕业生就业满意度分析

摘　要： 2023届本科毕业生的就业满意度提升至78%，这一上升趋势反映了就业指导和政策支持的有效性。法学和医学专业的毕业生就业满意度并列最高，均达到80%，艺术学、理学、工学和经济学专业的毕业生紧随其后。从长期来看，教育学和文学专业毕业生在毕业五年后的就业满意度分别为85%、84%，显示出长期职业发展上的优势。在地区层面，东部地区的毕业生就业满意度保持领先地位，而东北地区的提升则反映了该地区振兴政策在促进人才吸引方面有所成效。体制内工作和数字产业的就业满意度较高，相比之下，传统制造业和服务业的满意度则相对较低。此外，政府机构和事业单位的就业满意度超过了民营企业，这可能与毕业生更加重视工作的稳定性和福利保障有关。

关键词： 就业满意度　就业指导　就业质量　职业期望　本科生

一　总体就业满意度

应届本科毕业生的就业满意度[①]显著提升。从近五年的数据来看，本科毕业生的就业满意度从2019届的68%上升到2023届的78%；从不同类型院校来看，"双一流"院校毕业生就业满意度优势不再明显，2023届与地方本科院校基本持平（见图5-1、图5-2）。

[①] **就业满意度：** 由就业的毕业生对自己目前的就业现状进行主观判断，选项有"很满意""满意""不满意""很不满意""无法评估"五项。其中，选择"满意"和"很满意"的人属于对就业现状满意，选择"不满意"和"很不满意"的人属于对就业现状不满意。

这也反映了政府和学校提供的就业指导、职业规划服务和就业政策支持，整体上帮助毕业生更好地了解市场趋势，提升了就业满意度。与此同时高等教育机构更加注重了专业设置与市场需求的对接，提高了毕业生的就业竞争力和工作适配度。

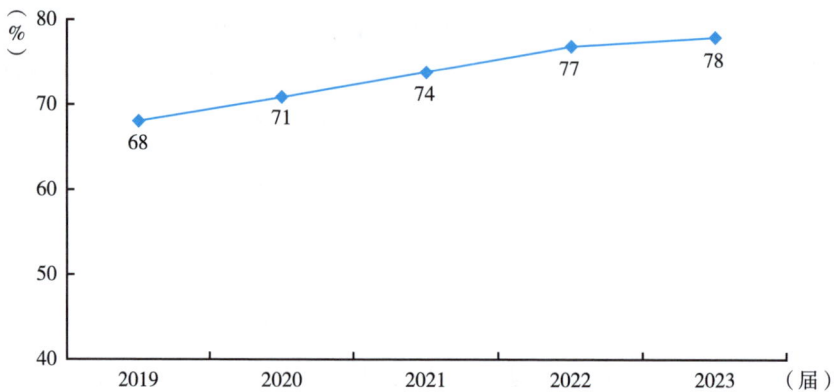

图5-1 2019~2023届本科生毕业半年后的就业满意度变化趋势

资料来源：麦可思-中国2019~2023届大学毕业生培养质量跟踪评价。

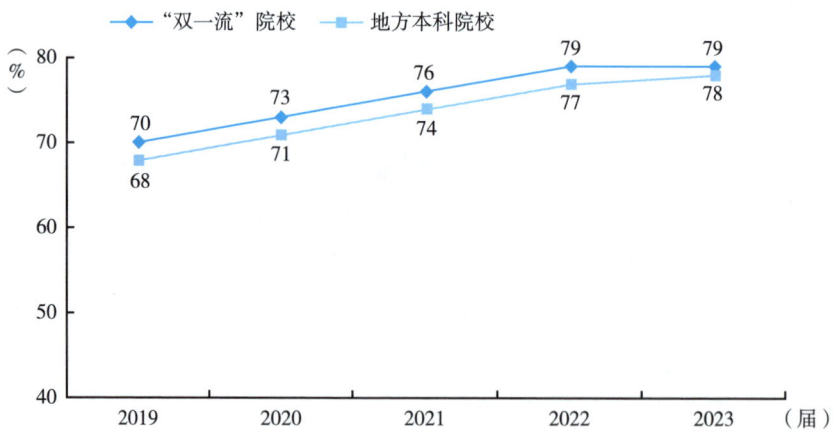

图5-2 2019~2023届各类本科院校毕业生毕业半年后的就业满意度变化趋势

资料来源：麦可思-中国2019~2023届大学毕业生培养质量跟踪评价。

随着时间的推移和工作经验的积累，毕业生对于自身职业发展和工作环境的满意度得到了显著提升。从 2018 届本科院校毕业生来看，毕业五年后的就业满意度为 80%，相比毕业半年后（68%）上升了 12 个百分点。从不同院校类型来看，"双一流"院校与地方本科院校毕业生毕业五年后的就业满意度均有较大幅度提升（见图 5-3、图 5-4）。这也体现了高等教育在促进毕业生职业发展和提升工作满意度方面的重要作用。

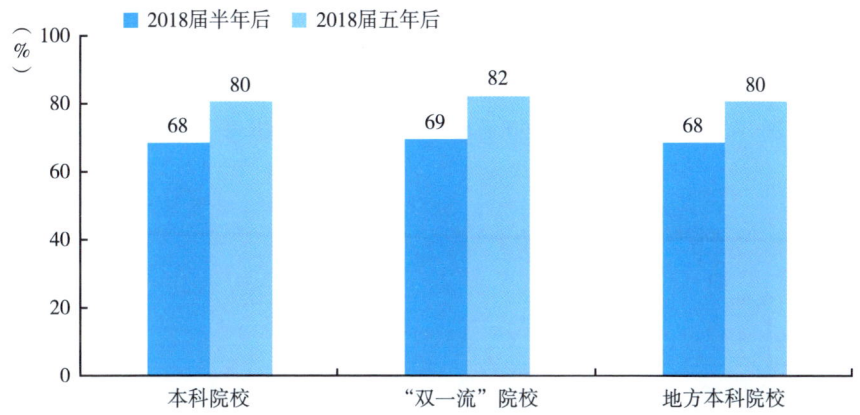

图 5-3　2018 届本科生毕业五年后的就业满意度（与 2018 届半年后对比）

资料来源：麦可思 - 中国 2018 届大学毕业生五年后职业发展跟踪评价，2018 届大学毕业生培养质量跟踪评价。

毕业生在求职过程中最看重的是薪资水平，其次是职业发展空间以及工作生活平衡。具体来看，2023 届对就业不满意的本科毕业生中，有 70% 是因为收入低，45% 是因为发展空间不够，31% 是因为加班太多（见图 5-5）。这也提示，毕业生需理性评估自身职业期望和市场需求，积极提升个人能力，以适应就业市场的变化。同时，政策制定者和高等教育机构也需通过提供更具针对性的职业发展指导并不断优化教育培训，从而帮助毕业生更好地适应职场，实现职业目标。

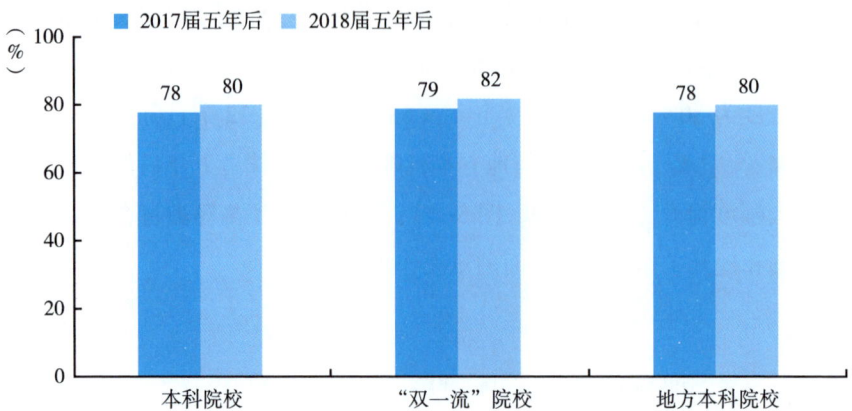

图 5-4　2017 届、2018 届本科生毕业五年后的就业满意度

资料来源：麦可思-中国 2017 届、2018 届大学毕业生五年后职业发展跟踪评价。

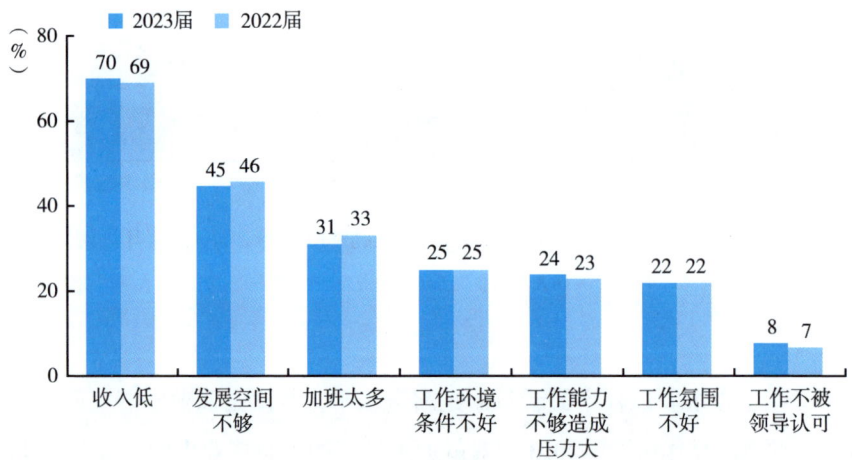

图 5-5　2022 届、2023 届本科毕业生对就业现状不满意的原因

资料来源：麦可思-中国 2022 届、2023 届大学毕业生培养质量跟踪评价。

二　各专业就业满意度

各学科门类的就业满意度反映了毕业生对所在领域的工作机会和职业

2023年本科毕业生就业满意度分析

发展前景的评价。2023届法学、医学专业毕业生的就业满意度最高，均为80%，这可能与这些领域的专业性强、社会需求稳定以及职业发展路径清晰有关；艺术学、理学、工学、经济学专业的毕业生的就业满意度也相对较高（见表5-1）。

从毕业五年后来看，教育学、文学专业2018届毕业生在毕业五年后的就业满意度分别达到85%、84%（见表5-2），随着工作经验的积累和职业发展，这些专业的毕业生对自身职业生涯感到更加满意。

表5-1 2021~2023届本科各学科门类毕业生毕业半年后的就业满意度

单位：%

本科学科门类名称	2023届	2022届	2021届
法学	80	77	74
医学	80	79	75
艺术学	79	77	74
理学	78	77	73
工学	78	78	74
经济学	78	76	72
教育学	77	77	76
管理学	77	75	73
文学	77	76	74
农学	76	74	71
历史学	75	74	70
全国本科	78	77	74

注：个别学科门类因为样本较少，没有包括在内。

资料来源：麦可思－中国2021~2023届大学毕业生培养质量跟踪评价。

093

表 5-2 2018 届本科各学科门类毕业生毕业五年后的就业满意度

单位：%

本科学科门类名称	2018 届五年后	2017 届五年后
教育学	85	82
文学	84	81
法学	82	79
理学	82	79
医学	81	78
艺术学	80	79
农学	80	77
工学	79	77
管理学	79	76
经济学	78	78
全国本科	80	78

注：个别学科门类因为样本较少，没有包括在内。
资料来源：麦可思-中国 2017 届、2018 届大学毕业生五年后职业发展跟踪评价。

毕业半年后就业满意度排名前 30 位的专业中，医学影像学专业就业满意度位列榜首，运动训练专业次之，播音与主持艺术、动物科学、药学专业并列第三（见表 5-3）。这可能与这些专业的服务性质、专业技能要求和创造性工作特点有关。

表 5-3 2023 届本科生毕业半年后就业满意度排前 30 位的主要专业

单位：%

本科专业名称	就业满意度
医学影像学	85
运动训练	84

2023 年本科毕业生就业满意度分析

续表

本科专业名称	就业满意度
播音与主持艺术	83
动物科学	83
药学	83
舞蹈学	82
电气工程及其自动化	82
微电子科学与工程	82
体育教育	82
新能源科学与工程	81
数学与应用数学	81
信息安全	81
医学影像技术	81
生物制药	81
临床医学	81
法学	80
麻醉学	80
口腔医学	80
摄影	80
广播电视编导	80
软件工程	80
小学教育	80
生物科学	80
电子科学与技术	80
物理学	80
国际经济与贸易	79
市场营销	79
金融学	79

095

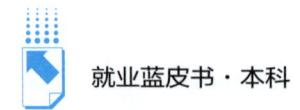

续表

本科专业名称	就业满意度
通信工程	79
网络工程	79
全国本科	78

注：毕业生规模过小的专业不包括在此排序中。
资料来源：麦可思－中国2023届大学毕业生培养质量跟踪评价。

2018届本科生毕业五年后，中国语言文学类、音乐与舞蹈学类、教育学类专业的就业满意度更高，均为85%（见表5-4）。这些专业的毕业生在长期职业发展中可能获得更多的成就感和满足感，特别是在教育和文化艺术领域，能够获得更多的个人发展空间和社会影响力。

表5-4　2018届本科主要专业类毕业生毕业五年后的就业满意度

单位：%

本科专业类名称	就业满意度
中国语言文学类	85
音乐与舞蹈学类	85
教育学类	85
体育学类	84
电子信息类	84
数学类	83
物理学类	83
外国语言文学类	82
法学类	82
临床医学类	82
电子商务类	81
戏剧与影视学类	81

续表

本科专业类名称	就业满意度
计算机类	81
电气类	81
护理学类	80
新闻传播学类	80
能源动力类	80
化学类	80
地理科学类	80
工商管理类	80
机械类	80
药学类	80
美术学类	80
金融学类	79
旅游管理类	79
自动化类	79
生物科学类	79
物流管理与工程类	78
社会学类	78
经济与贸易类	78
材料类	78
公共管理类	78
设计学类	77
经济学类	77
化工与制药类	77
食品科学与工程类	77
心理学类	76
环境科学与工程类	75
管理科学与工程类	74
土木类	71

本科专业类名称	就业满意度
建筑类	68
全国本科	80

注：个别专业类因为样本较少，没有包括在内。

资料来源：麦可思－中国2018届大学毕业生五年后职业发展跟踪评价。

三 地区就业满意度

东部地区的就业满意度保持领先（见表5-5），这可能与该地区的经济发展水平高、产业集聚发展、就业机会多以及生活设施完善等因素有关。东北地区虽然传统上被认为是经济发展较慢的地区，但近年来通过一系列的振兴政策和产业转型升级，毕业生的就业满意度明显提升，反映了该地区在留住人才方面的努力。

从三大经济区域来看，京津冀地区的就业满意度较高，2023届为82%（见表5-6）。京津冀地区拥有丰富的教育资源、研发机构和企业总部，为毕业生提供了广阔的就业前景和良好的职业发展机会。此外，该地区在推动创新驱动发展和产业升级方面的努力，也为毕业生提供了更多的高质量就业岗位。

表5-5 2021~2023届本科生毕业半年后在各区域的就业满意度变化趋势

单位：%

各区域	2023届	2022届	2021届
东部地区	80	79	76
东北地区	80	77	74
中部地区	76	75	72
西部地区	75	74	71
全国本科	78	77	74

资料来源：麦可思－中国2021~2023届大学毕业生培养质量跟踪评价。

2023年本科毕业生就业满意度分析

表 5-6 2021~2023 届本科生毕业半年后在三大经济区域的就业满意度变化趋势

单位：%

三大经济区域	2023届	2022届	2021届
京津冀地区	82	81	79
长三角地区	78	78	75
珠三角地区	76	76	73
全国本科	78	77	74

资料来源：麦可思－中国 2021~2023 届大学毕业生培养质量跟踪评价。

毕业生在一线城市和新一线城市的就业满意度显著提升，分别从 2019 届的 72%、68% 上升至 2023 届的 80%、78%，分别增加了 8 个、10 个百分点（见图 5-6）。上述情况反映了相关城市在吸引和留住人才方面的成功，毕业生对于在这些城市就业的整体满意度持续提高。

一线城市由于其经济发展水平高、产业集聚、就业机会多、薪酬福利好等优势，一直是毕业生就业的热门选择。新一线城市虽然起步较晚，但近年来通过政策引导和市场机制，也在积极吸引人才，提供更多的就业机会和更好的生活条件，从而提升了毕业生的从业幸福感。

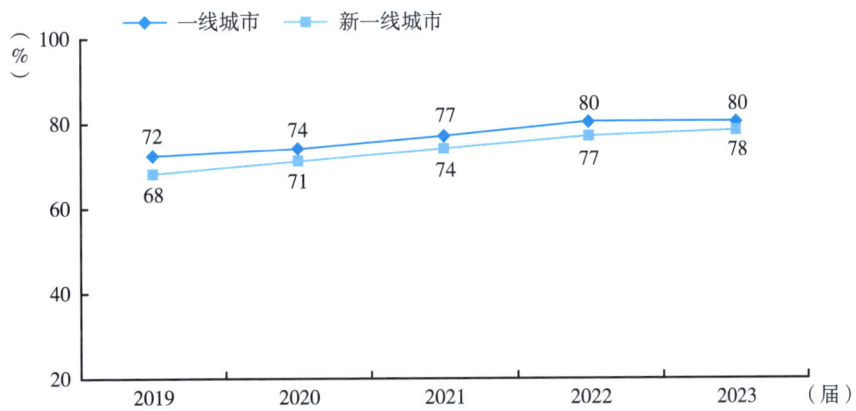

图 5-6 2019~2023 届本科生毕业半年后在一线、新一线城市的就业满意度变化趋势

资料来源：麦可思－中国 2019~2023 届大学毕业生培养质量跟踪评价。

四 行业、职业就业满意度

毕业生就业满意度的高低与所在行业的特点紧密相关。从毕业初期和毕业五年后的数据来看，满意度较高的行业主要集中在体制内提供稳定工作的领域，以及数字产业和高技术制造业（见图5-7、图5-9）。这些行业通常提供较好的薪酬福利、职业发展机会和工作环境，从而吸引了大量毕业生，并保持了较高的就业满意度。

相比之下，传统制造类行业、餐饮、房地产、建筑及采矿业的就业满意度相对较低（见图5-8、图5-10）。这可能与相关行业的工作环境较为艰苦、工作强度大、职业发展空间有限以及当前市场面临的挑战（如经济波动、行业竞争加剧等）有关。这些因素可能导致毕业生在相关行业的工作体验不如预期，从而影响了就业满意度。

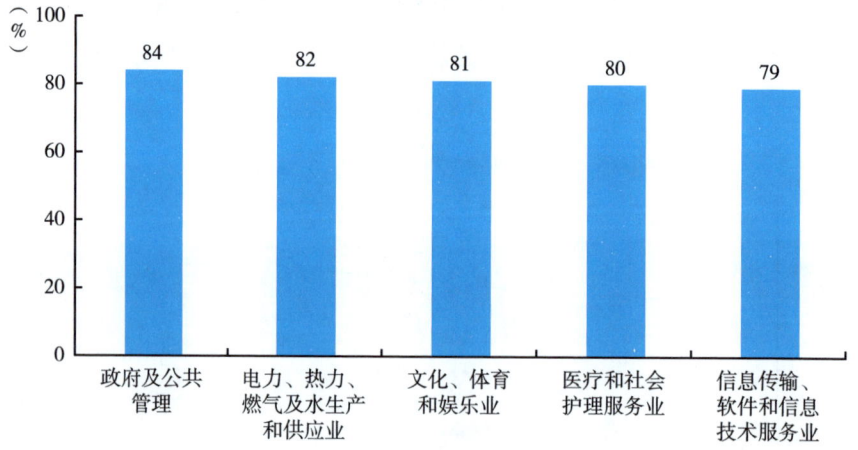

图5-7 2023届本科生毕业半年后就业满意度最高的前五位行业类

注：毕业生规模过小的行业类不包括在此排序中。

资料来源：麦可思-中国2023届大学毕业生培养质量跟踪评价。

2023年本科毕业生就业满意度分析

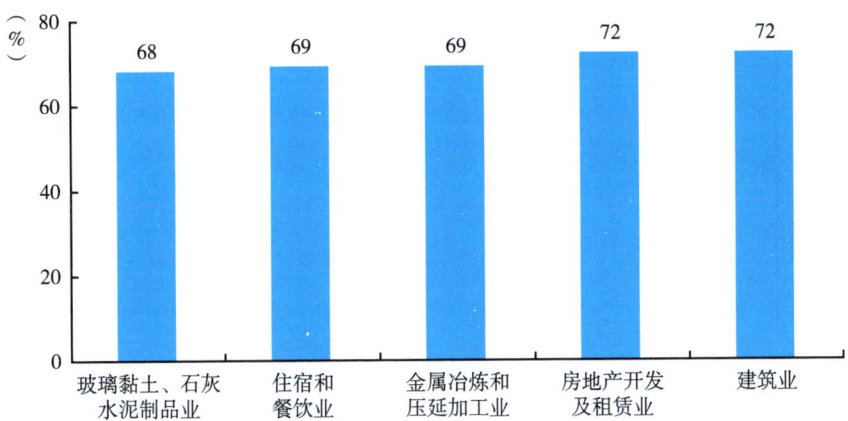

图 5-8 2023届本科生毕业半年后就业满意度最低的前五位行业类

注：毕业生规模过小的行业类不包括在此排序中。

资料来源：麦可思 – 中国2023届大学毕业生培养质量跟踪评价。

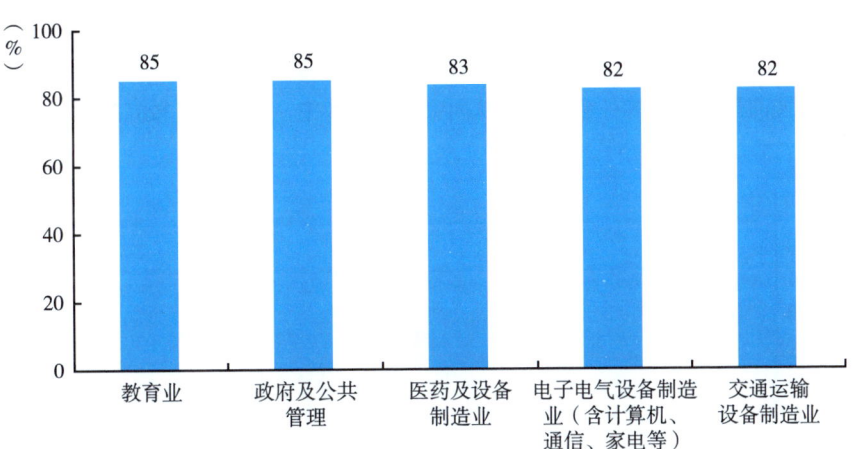

图 5-9 2018届本科生毕业五年后就业满意度最高的前五位行业类

注：毕业生规模过小的行业类不包括在此排序中。

资料来源：麦可思 – 中国2018届大学毕业生五年后职业发展跟踪评价。

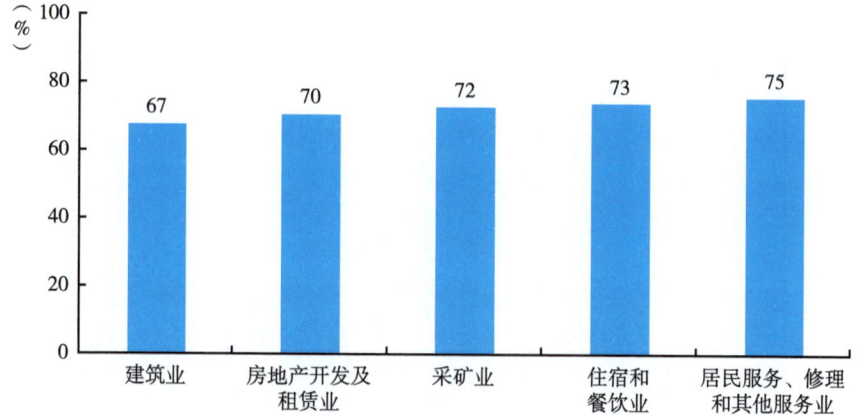

图 5-10　2018 届本科生毕业五年后就业满意度最低的前五位行业类

注：毕业生规模过小的行业类不包括在此排序中。

资料来源：麦可思－中国 2018 届大学毕业生五年后职业发展跟踪评价。

毕业生就业满意度的高低与他们从事的具体职业紧密相关。根据分析，满意度较高的职业主要集中在公检法、经营管理、教育科研、电力/能源和交通运输等领域（见图 5-11、图 5-13）。这些职业领域通常提供较稳定的工作环境、良好的职业发展前景和较高的社会地位，从而吸引了毕业生，并保持了较高的满意度。

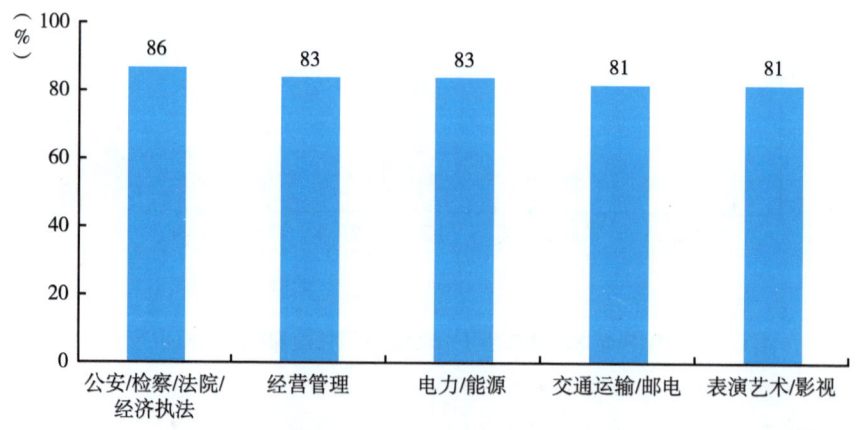

图 5-11　2023 届本科生毕业半年后就业满意度最高的前五位职业类

注：毕业生规模过小的职业类不包括在此排序中。

资料来源：麦可思－中国 2023 届大学毕业生培养质量跟踪评价。

2023 年本科毕业生就业满意度分析

相比之下，房地产、建筑、采矿及服务类岗位的就业满意度偏低（见图5-12、图5-14）。这可能与相关领域工作环境较为艰苦、工作强度大、职业发展空间有限以及当前市场面临的挑战（如经济波动、行业竞争加剧等）有关。此外，服务类岗位可能因为工作时间长、工作强度大、客户服务压力等因素，导致满意度相对较低。

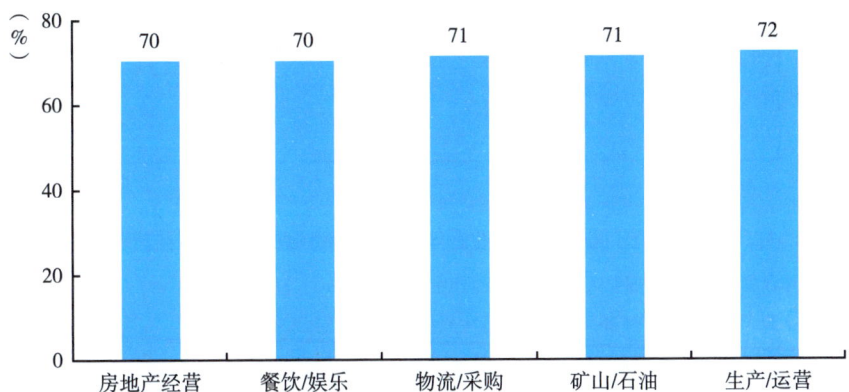

图 5-12　2023 届本科生毕业半年后就业满意度最低的前五位职业类

注：毕业生规模过小的职业类不包括在此排序中。

资料来源：麦可思 - 中国 2023 届大学毕业生培养质量跟踪评价。

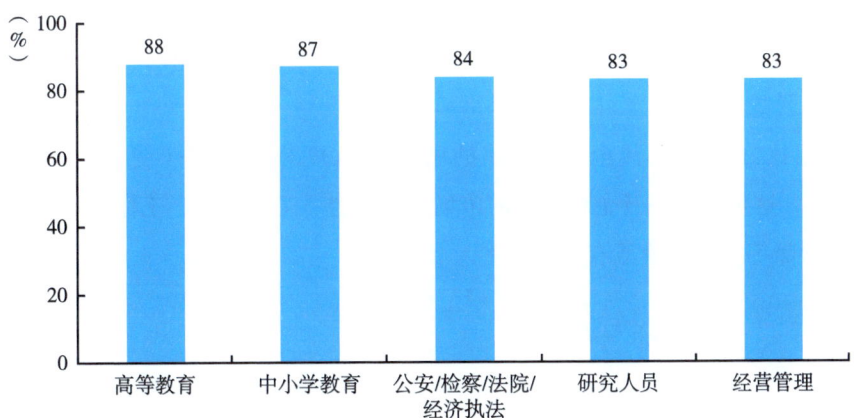

图 5-13　2018 届本科生毕业五年后就业满意度最高的前五位职业类

注：毕业生规模过小的职业类不包括在此排序中。

资料来源：麦可思 - 中国 2018 届大学毕业生五年后职业发展跟踪评价。

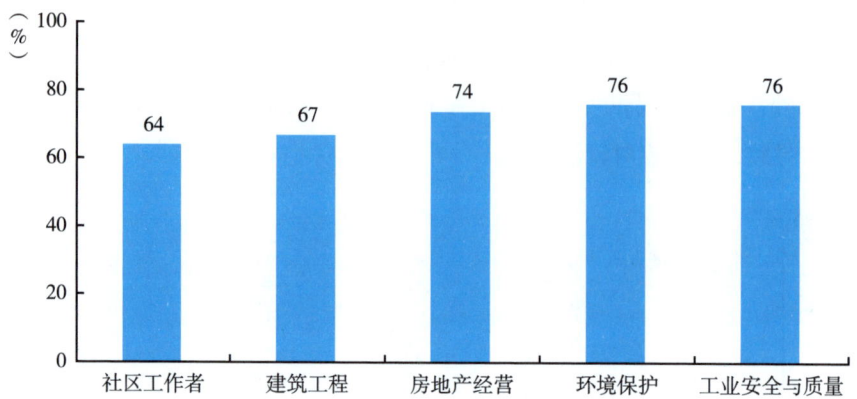

图 5-14　2018 届本科生毕业五年后就业满意度最低的前五位职业类

注：毕业生规模过小的职业类不包括在此排序中。

资料来源：麦可思－中国 2018 届大学毕业生五年后职业发展跟踪评价。

五　在各类单位的就业满意度

毕业生在政府机构／科研或其他事业单位的就业满意度较高，这可能与这些单位通常有更大的工作稳定性、福利保障、职业发展空间以及相对舒适的工作环境有关。

相比之下，民营企业／个体的就业满意度相对较低（见图 5-15、图 5-16），这可能与民营企业面临的市场竞争压力、工作强度、工作稳定性以及福利保障等方面的挑战有关。

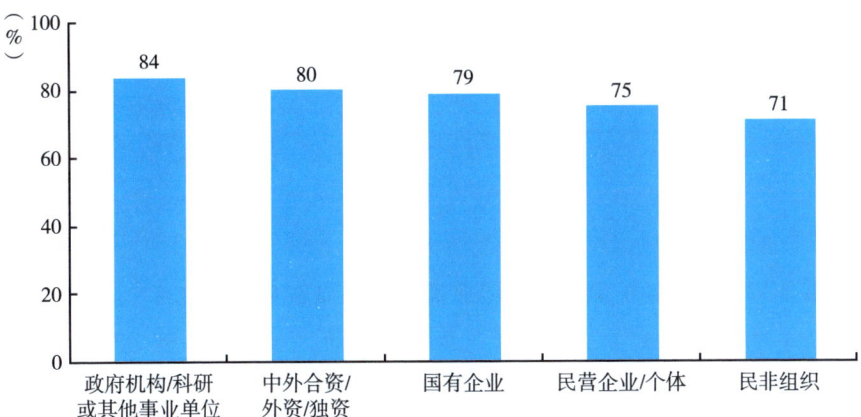

图 5-15　2023 届本科生毕业半年后在各类型用人单位的就业满意度

资料来源：麦可思 - 中国 2023 届大学毕业生培养质量跟踪评价。

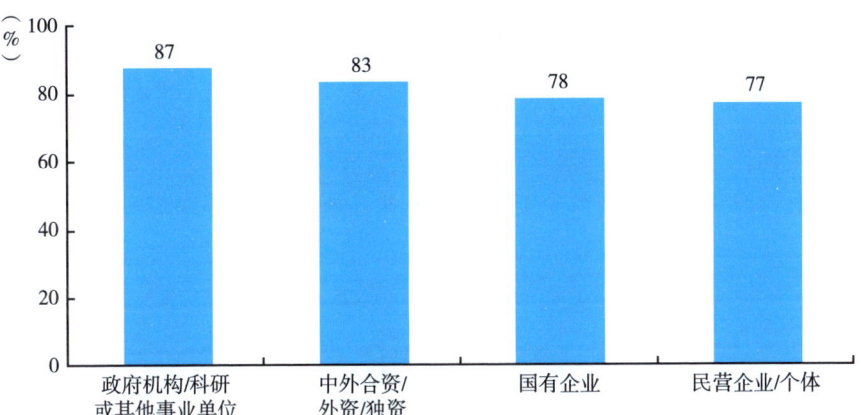

图 5-16　2018 届本科生毕业五年后在各类型用人单位的就业满意度

注：民非组织用人单位因为样本较少，没有包括在内。

资料来源：麦可思 - 中国 2018 届大学毕业生五年后职业发展跟踪评价。

B.6
2023年本科毕业生职业发展分析

摘　要： 2023届本科毕业生在职业发展方面面临市场压力与个人职业期待的双重影响，专业相关工作选择比例有所波动，小幅下降至72%。尽管如此，毕业半年内离职率保持稳定，但因薪资福利和工作压力离职的比例上升。2018届本科生毕业五年后，"双一流"院校毕业生晋升机会较多，晋升比例为63%，平均晋升次数为1.0次，相比地方本科院校毕业生显现优势。管理学、经济学、工学等专业的毕业生在职业发展上表现突出。医学专业毕业生职场稳定性最高，离职率为15%以下，而艺术学毕业生职场流动性最大，离职率达32%。毕业生离职主因是对更高薪资福利和个人发展空间的追求，其中42%因薪资偏低离职。

关键词： 职业发展　对口就业　职位晋升　就业稳定性　本科生

一　从事本专业相关工作分析

（一）总体工作与专业相关度

工作与专业相关度[①]是衡量教育与市场需求匹配程度的重要指标。从近五年的数据来看，应届本科毕业生从事本专业相关工作的比例经历了先升后降的趋势。2019届和2020届的毕业生保持在71%，到2022届上升至74%，在2023届这一比例又小幅下降至72%，这可能与市场波动、行业需求变化等

---

① **工作与专业相关度**＝受雇全职工作并且与专业相关的毕业生人数/受雇全职工作的毕业生人数。

因素有关。从不同院校类型来看，地方本科院校已较为接近"双一流"院校，近五年差距均不超过 2 个百分点（见图 6-1、图 6-2）。

这一趋势提示高等教育机构和政策制定者需持续关注人才培养与市场需求之间的动态关系，并适时调整优化教育策略和专业设置，以确保毕业生能够有效地满足市场需求。同时，毕业生也应积极适应市场变化，通过持续学习和技能提升，不断增强自身的就业竞争力。

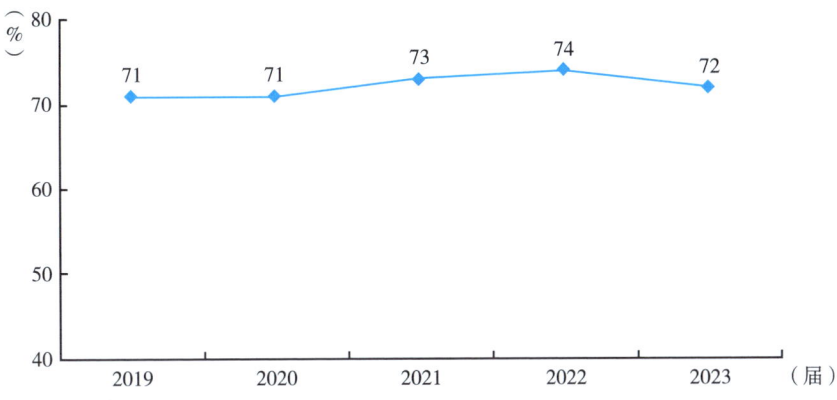

图 6-1　2019~2023 届本科毕业生的工作与专业相关度变化趋势

资料来源：麦可思 - 中国 2019~2023 届大学毕业生培养质量跟踪评价。

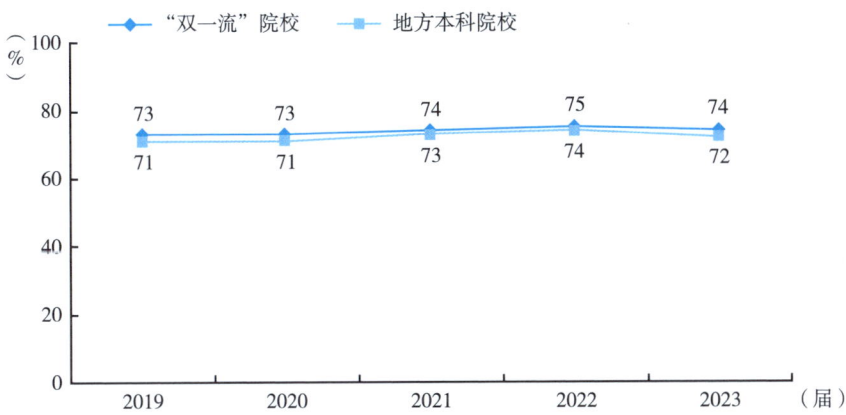

图 6-2　2019~2023 届各类本科院校毕业生的工作与专业相关度变化趋势

资料来源：麦可思 - 中国 2019~2023 届大学毕业生培养质量跟踪评价。

随着毕业生在职场中积累经验和技能，其职业发展路径逐渐明朗，岗位晋升和变迁机会增多，工作选择面变宽。具体来看，2018届本科生毕业五年后工作与专业相关度（65%）与2017届同期持平，不同类型的本科院校之间无差异（见图6-3）。

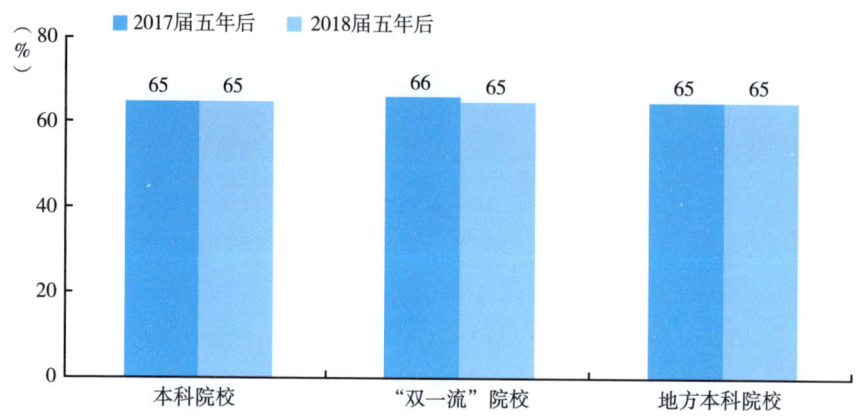

图6-3　2017届、2018届本科生毕业五年后的工作与专业相关度

资料来源：麦可思－中国2017届、2018届大学毕业生五年后职业发展跟踪评价。

从毕业生选择与专业无关工作的具体原因来看，2023届表示"迫于现实先就业再择业"的比例（28%）最高，表示"专业工作不符合自己的职业期待"的比例（24%）相比2022届（28%）下降了4个百分点，表示"专业工作的环境不好"的比例（14%）相比2022届（11%）有所上升（见图6-4）。

这也反映出，尽管就业市场存在压力，但毕业生在就业选择上依然考虑多种因素，包括个人职业期待、工作环境和现实就业条件等。高等教育机构和政策制定者应关注这些变化，并提供更多的职业指导和就业服务，以帮助毕业生更好地规划职业生涯，提升就业质量。

（二）主要专业的工作与专业相关度

医学、教育学毕业生在半年后和五年后的工作与专业相关度保持在前两位（见表6-1、表6-2），这表明相关领域的专业培养与实际岗位需求之间的

2023年本科毕业生职业发展分析

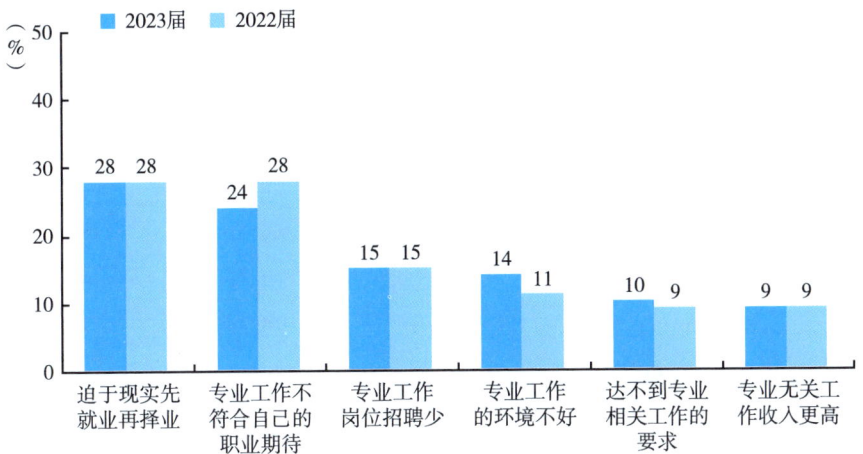

图 6-4　2022届、2023届本科毕业生选择与专业无关工作的主要原因

资料来源：麦可思-中国2022届、2023届大学毕业生培养质量跟踪评价。

匹配度较高。这种稳定性可能与相关领域专业性强、行业规范明确以及对专业人才有持续需求有关。

相比之下，艺术学专业的工作与专业相关度出现了明显的下降，近三届下降了6个百分点。这可能与艺术类工作市场就业机会的不稳定性以及艺术创作和表演类职业的特殊性有关，相关专业毕业生可能需要更多的时间和努力来寻找与自己专业技能和创作理念相匹配的工作机会。

表6-1　2021~2023届本科各学科门类毕业生毕业半年后的工作与专业相关度

单位：%

本科学科门类名称	2023届	2022届	2021届
医学	92	94	93
教育学	81	83	84
历史学	76	71	70
理学	76	73	71
法学	73	71	68
工学	72	76	74

109

续表

本科学科门类名称	2023届	2022届	2021届
文学	71	73	74
管理学	67	67	66
艺术学	64	68	70
经济学	62	62	62
农学	59	61	59
全国本科	72	74	73

注：个别学科门类因为样本较少，没有包括在内。
资料来源：麦可思－中国2021~2023届大学毕业生培养质量跟踪评价。

表6-2　2017届、2018届本科各学科门类毕业生毕业五年后的工作与专业相关度
单位：%

本科学科门类名称	2018届毕业五年后	2017届毕业五年后
医学	90	92
教育学	79	80
法学	70	67
理学	67	68
文学	67	67
工学	64	64
管理学	58	57
艺术学	58	60
经济学	56	57
农学	52	52
全国本科	65	65

注：个别学科门类因为样本较少，没有包括在内。
资料来源：麦可思－中国2017届、2018届大学毕业生五年后职业发展跟踪评价。

专业层面的工作与专业相关度排名显示，医学相关专业在就业市场上表现出极高的专业对口率。特别是口腔医学、临床医学、医学影像学、预防医

学、麻醉学、医学影像技术等专业，其工作与专业相关度均达到或超过95%（见表6-3）。

这反映了医学专业的特性，即专业培养与医疗卫生领域的实际需求之间存在高度的一致性和匹配度。医学专业的毕业生通常需要经历严格的在校专业教育、毕业后教育和实践培训，以确保其具备必要的医疗知识和技能，能够在医疗卫生领域提供专业服务。

表6-3 2023届本科毕业生工作与专业相关度排前30位的主要专业

单位：%

本科专业名称	工作与专业相关度
口腔医学	99
临床医学	97
医学影像学	96
预防医学	95
麻醉学	95
医学影像技术	95
护理学	94
中医学	93
针灸推拿学	92
药学	91
康复治疗学	89
药物制剂	89
安全工程	88
地理科学	87
医学检验技术	87
小学教育	87
道路桥梁与渡河工程	87
电气工程及其自动化	87

续表

本科专业名称	工作与专业相关度
数学与应用数学	84
中药学	83
动物医学	83
制药工程	83
思想政治教育	83
工程造价	83
土木工程	82
汉语言文学	82
体育教育	82
化学	81
学前教育	81
教育学	80
全国本科	72

注：毕业生规模过小的专业不包括在此排序中。
资料来源：麦可思－中国2023届大学毕业生培养质量跟踪评价。

（三）主要职业的工作与专业相关度

卫生健康类职业由于其专业性和对公众健康的重要影响，通常要求从业人员具备相应的专业资格和技能，因此从业门槛较高。这类职业的工作与专业相关度普遍较高。2023届本科毕业生中，放射科医师、康复治疗师、外科医师、护士、全科医师、内科医师等卫生健康类职业的工作与专业相关度极高，均达到或超过98%（见表6-4），这表明这些职业的从业人员绝大多数都具备较强的专业背景，能够充分发挥自身专业优势。

相对而言，行政、后勤、销售类职业对从业人员的专业背景要求较低，这些职业更加注重沟通能力、组织能力和服务意识等通用技能。在工作与专业相关度要求最低的职业中,行政后勤和销售相关的职业占据了多数(见表6-5)。

表6-4　2023届本科毕业生工作与专业相关度要求最高的前20位职业

单位:%

职业名称	工作与专业相关度
放射科医师	99
康复治疗师	98
外科医师	98
护士	98
全科医师	98
内科医师	98
律师助理	97
医学和临床实验室技术人员	97
放射技术人员	96
法务人员	96
药剂师	96
化学研究人员	96
医学研究人员	95
室内设计师	94
计算机程序员	93
包装设计师	93
土木建筑工程技术人员	92
生物医学工程技术人员	92
乡村医生	92
建筑和土木绘图人员	92
全国本科	72

注:毕业生规模过小的职业不包括在此排序中。
资料来源:麦可思-中国2023届大学毕业生培养质量跟踪评价。

表 6-5　2023 届本科毕业生工作与专业相关度要求最低的前 20 位职业

单位：%

职业名称	工作与专业相关度
社区和村镇工作人员	25
客服专员	32
餐饮服务生	32
数据录入员	33
文员	36
房地产经纪人	36
档案管理员	38
社工	38
一线销售经理（零售）	39
营业员	39
推销员	41
物业经理	41
行政秘书和行政助理	41
辅警	43
公关专员	44
销售经理	46
运营经理	47
直播销售人员	48
活动执行	49
收银员	49
全国本科	72

注：毕业生规模过小的职业不包括在此排序中。
资料来源：麦可思－中国 2023 届大学毕业生培养质量跟踪评价。

二 职位晋升情况

（一）总体职位晋升

随着工作经验的积累，毕业生在职场中的成长和晋升[①]机会逐渐增多。在工作后的三年里，"双一流"院校与地方本科院校毕业生在职位晋升的比例上没有差异，这可能意味着在职业生涯的早期阶段，不同院校背景的毕业生都有相似的晋升机会。

然而，当工作时间延长至五年时，"双一流"院校毕业生的晋升优势开始显现，2018届本科生毕业五年内获得晋升的比例为63%、平均晋升次数为1.0次，其中"双一流"院校平均晋升比例为66%、平均晋升次数为1.1次（见图6-5、图6-6）。这可能与"双一流"院校提供的教育资源、校友网络和品牌效应等因素有关，这些因素可能在长期职业发展中为毕业生带来更多的晋升机会。

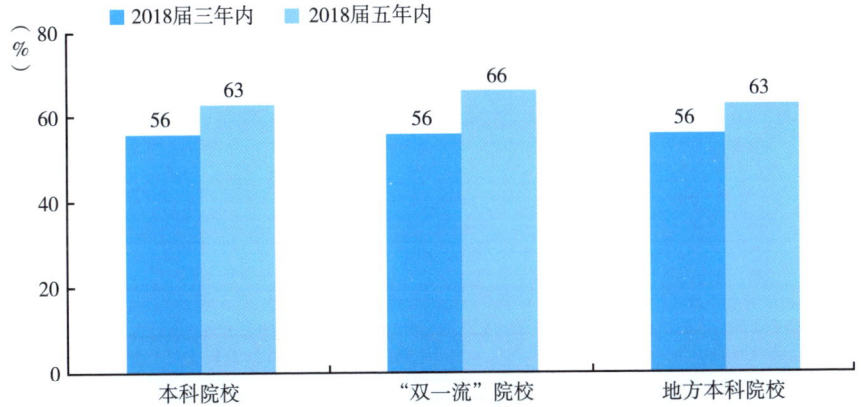

图6-5 2018届本科生毕业五年内平均获得职位晋升的比例（与2018届三年内对比）

资料来源：麦可思-中国2018届大学毕业生五年后职业发展跟踪评价，2018届大学毕业生三年后职业发展跟踪评价。

---

① **职位晋升**：由已经工作的毕业生回答是否获得职位晋升以及获得晋升的次数。职位晋升是指享有比前一个职位更多的职权并承担更多的责任，由毕业生主观判断。这既包括不换雇主的内部提升，也包括通过更换雇主实现的晋升。
职位晋升次数：由毕业生回答获得职位晋升的次数，计算公式的分子是三年内、五年内毕业生获得的职位晋升次数，没有获得职位晋升的人记为0次，分母是三年内、五年内就业和就业过的毕业生人数。

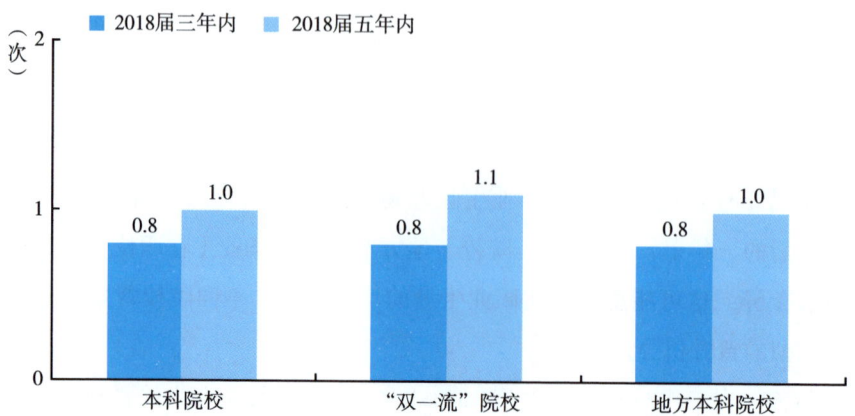

图 6-6　2018 届本科生毕业五年内平均获得职位晋升的次数（与 2018 届三年内对比）

资料来源：麦可思 - 中国 2018 届大学毕业生五年后职业发展跟踪评价，2018 届大学毕业生三年后职业发展跟踪评价。

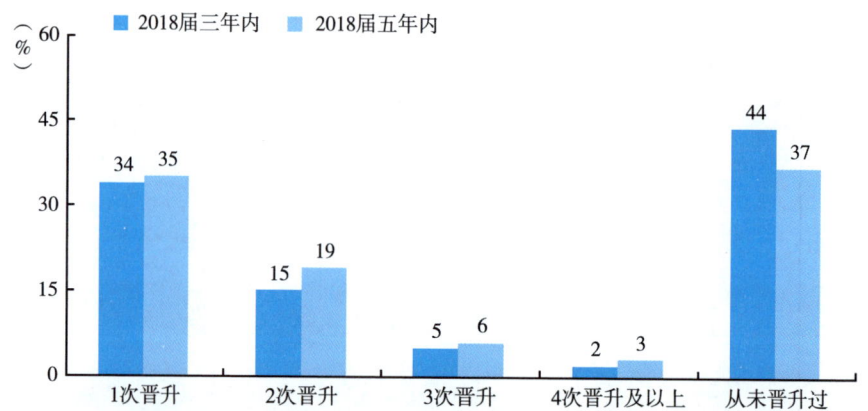

图 6-7　2018 届本科生毕业五年内平均获得职位晋升的频度（与 2018 届三年内对比）

资料来源：麦可思 - 中国 2018 届大学毕业生五年后职业发展跟踪评价，2018 届大学毕业生三年后职业发展跟踪评价。

（二）各学科门类的职位晋升

毕业五年内的职位晋升比例和次数是衡量毕业生职业发展的重要指标。管理学、经济学、工学、艺术学、农学等专业的毕业生在这一方面表现突出，

2023 年本科毕业生职业发展分析

均位于前五位，这可能与这些领域的职业发展路径清晰、行业需求稳定以及专业技能的应用广泛有关。

需要关注的是，多数学科毕业生毕业五年内晋升比例出现下降，这可能与经济环境、行业发展趋势或就业市场的竞争程度有关（见表 6-6、表 6-7）。

表 6-6　2017 届、2018 届各学科门类本科生毕业五年内平均获得职位晋升的比例

单位：%

本科学科门类名称	2018 届五年内	2017 届五年内
管理学	67	69
经济学	66	67
工学	66	69
艺术学	66	69
农学	65	66
文学	63	63
教育学	61	64
理学	59	62
法学	58	62
医学	51	49
全国本科	63	66

注：个别学科门类因为样本较少，没有包括在内。
资料来源：麦可思－中国 2017 届、2018 届大学毕业生五年后职业发展跟踪评价。

表 6-7　2017 届、2018 届各学科门类本科生毕业五年内平均获得职位晋升的次数

单位：次

本科学科门类名称	2018 届五年内	2017 届五年内
管理学	1.1	1.2
经济学	1.1	1.1
工学	1.1	1.2
艺术学	1.1	1.2

续表

本科学科门类名称	2018 届五年内	2017 届五年内
农学	1.1	1.1
文学	1.0	1.0
教育学	0.9	0.9
理学	0.9	1.0
法学	0.9	1.0
医学	0.7	0.7
全国本科	1.0	1.1

注：个别学科门类因为样本较少，没有包括在内。
资料来源：麦可思－中国 2017 届、2018 届大学毕业生五年后职业发展跟踪评价。

（三）主要行业、职业的职位晋升

生活服务领域整体上职位晋升较快。住宿和餐饮业、房地产开发及租赁业、零售业、邮递/物流及仓储业在毕业五年内职位晋升比例排名靠前，分别为 79%、79%、78%、77%。同时，这四类行业毕业五年内的职位晋升次数排名也靠前，分别达到 1.6 次、1.5 次、1.5 次、1.4 次（见表 6-8）。这些行业通常具有较大的员工基数和较为扁平的管理结构，因此晋升机会较多。

表 6-8　2018 届主要行业类本科生毕业五年内平均获得职位晋升的比例和次数

单位：%，次

本科行业类名称	晋升比例	晋升次数
住宿和餐饮业	79	1.6
房地产开发及租赁业	79	1.5
零售业	78	1.5
邮递、物流及仓储业	77	1.4
建筑业	73	1.3
信息传输、软件和信息技术服务业	72	1.3

2023年本科毕业生职业发展分析

续表

本科行业类名称	晋升比例	晋升次数
医药及设备制造业	71	1.2
金融业	71	1.1
电子电气设备制造业（含计算机、通信、家电等）	70	1.2
化学品、化工、塑胶制造业	70	1.2
各类专业设计与咨询服务业	70	1.3
居民服务、修理和其他服务业	69	1.1
文化、体育和娱乐业	69	1.2
食品、烟草、加工业	68	1.3
其他制造业	67	1.2
农、林、牧、渔业	67	1.2
纺织、服装、皮革制造业	66	1.3
交通运输设备制造业	66	1.1
运输业	65	1.0
电力、热力、燃气及水生产和供应业	65	1.2
机械设备制造业	64	1.0
教育业	62	0.9
采矿业	61	1.1
行政、商业和环境保护辅助业	57	1.0
医疗和社会护理服务业	47	0.6
政府及公共管理	46	0.6
全国本科	63	1.0

注：个别行业类因为样本较少，没有包括在内。
资料来源：麦可思-中国2018届大学毕业生五年后职业发展跟踪评价。

经营管理类职业的晋升优势显著，这与这类职业的性质和要求密切相关。具体数据显示，从事经营管理类职业的毕业生在毕业五年内的职位晋升比例超过85%，平均晋升次数达到2.0次（见表6-9）。在这类岗位工作的专业人才往往具备较强的领导力和管理能力，从而能够获得更高层次的职位和更大的责任。

相比之下，社区工作者、公安/检察/法院/经济执法、医疗保健/紧急救助类职业的晋升相对缓慢。这类职业可能由于其公共服务性质、严格的职业等级制度或专业资格要求，晋升路径更为稳定和有序。

表6-9 2018届主要职业类本科生毕业五年内平均获得职位晋升的比例和次数

单位：%，次

本科职业类名称	晋升比例	晋升次数
经营管理	88	2.0
生产/运营	77	1.4
销售	77	1.4
物流/采购	76	1.4
房地产经营	76	1.6
人力资源	74	1.3
电力/能源	74	1.3
职业培训/其他教育	73	1.5
建筑工程	73	1.2
互联网开发及应用	72	1.3
表演艺术/影视	72	1.4
美术/设计/创意	71	1.3
金融（银行/基金/证券/期货/理财）	70	1.1
计算机与数据处理	69	1.3
幼儿与学前教育	69	1.0
工业安全与质量	69	1.1
电气/电子（不包括计算机）	68	1.1
媒体/出版	68	1.2

2023年本科毕业生职业发展分析

续表

本科职业类名称	晋升比例	晋升次数
生物/化工	67	1.1
机械/仪器仪表	63	1.0
财务/审计/税务/统计	62	1.0
交通运输/邮电	62	1.0
律师/律政调查员	62	1.1
机动车机械/电子	61	0.9
保险	61	1.0
中小学教育	59	0.8
环境保护	59	1.0
中等职业教育	56	0.7
农/林/牧/渔类	56	1.0
行政/后勤	50	0.7
医疗保健/紧急救助	48	0.7
公安/检察/法院/经济执法	47	0.6
社区工作者	44	0.6
全国本科	63	1.0

注：个别职业类因为样本较少，没有包括在内。
资料来源：麦可思－中国2018届大学毕业生五年后职业发展跟踪评价。

三　职场忠诚度分析

（一）离职率与雇主数

应届本科毕业生的就业稳定性是衡量当前就业市场健康状况和毕业生就业心态成熟度的重要指标。近五年来，应届本科毕业生的离职率[①]维持在一个

---

① **离职率**：有过工作经历的毕业生（从毕业时到2023年12月31日）有多大比例离职过。
离职率＝曾经有离职行为的毕业生人数/现在工作或曾经工作过的毕业生人数。

121

相对稳定的水平,2023届的离职率为22%,与2019届持平,这表明毕业生在就业选择上更加注重长期稳定,而非频繁跳槽(见图6-8)。其中,"双一流"院校毕业生的职场稳定性表现更为突出,离职率为12%,明显低于地方本科院校的24%(见图6-9),这一差异可能与"双一流"院校毕业生在就业市场中的竞争优势、就业质量以及对工作的满意度有关。

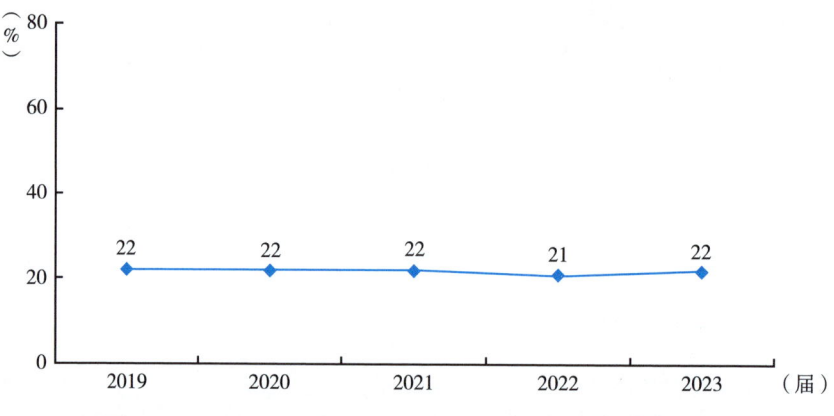

图6-8　2019~2023届本科生毕业半年内的离职率变化趋势

资料来源：麦可思-中国2019~2023届大学毕业生培养质量跟踪评价。

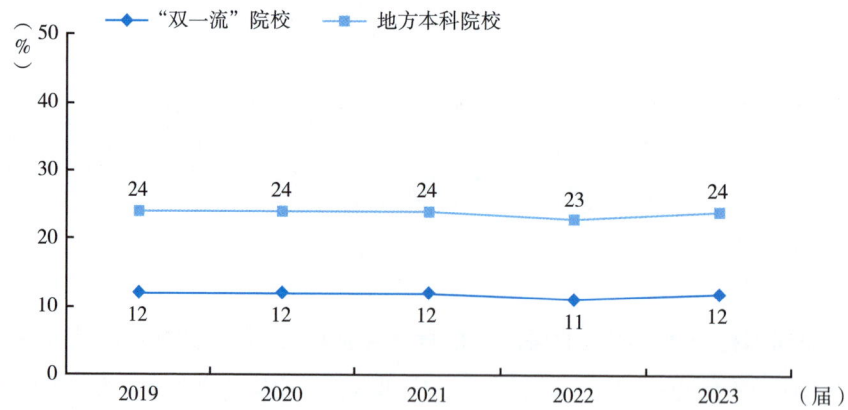

图6-9　2019~2023届各类本科院校毕业生毕业半年内的离职率变化趋势

资料来源：麦可思-中国2019~2023届大学毕业生培养质量跟踪评价。

从更长期的角度来看，全国 2018 届本科生毕业五年内的雇主数[①]为 2.1 个，而"双一流"院校与地方本科院校在这一指标上并无明显差异（见图 6-10、图 6-11）。这表明在五年的职业发展过程中，不同院校类型毕业生更换工作的频率大致相似，反映了毕业生在职场中逐渐稳定下来，对工作的选择更为谨慎和理性。

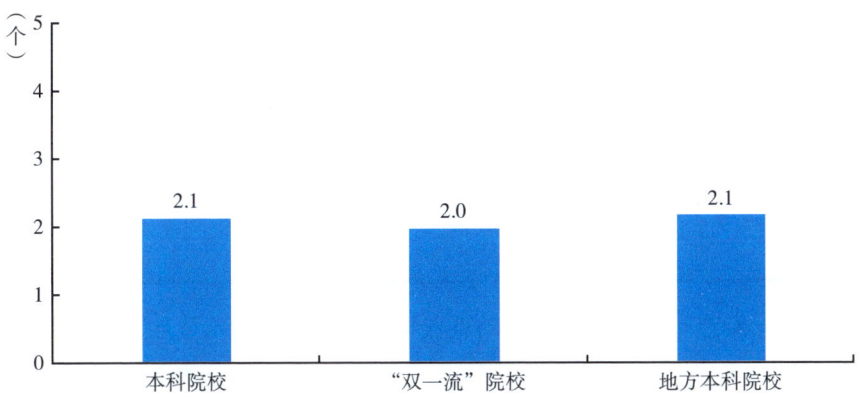

图 6-10　2018 届本科生毕业五年内的平均雇主数

资料来源：麦可思 - 中国 2018 届大学毕业生五年后职业发展跟踪评价。

从各学科门类来看，医学毕业生的职场忠诚度持续保持在最高水平，这可能与医学专业的特殊性和对专业人才的高需求有关。医学生在毕业半年内的离职率连续三届均在 15% 以下，同时在毕业五年内的雇主数也是最低的（1.8 个），这与医学相关职业的专业成长路径、持续教育和职业资格认证的要求有关。

历史学专业的毕业生就业稳定性也较强，这可能与历史学专业毕业生倾向于在教育、研究和文化机构等稳定性较高的领域工作有关。

相对而言，艺术学毕业生的职场流动性较强，毕业半年内的离职率

---

① **雇主数**：指毕业生从第一份工作到五年后的跟踪评价时点，一共为多少个雇主工作过。雇主数越多，则工作转换得越频繁；雇主数可以代表毕业生工作稳定的程度。

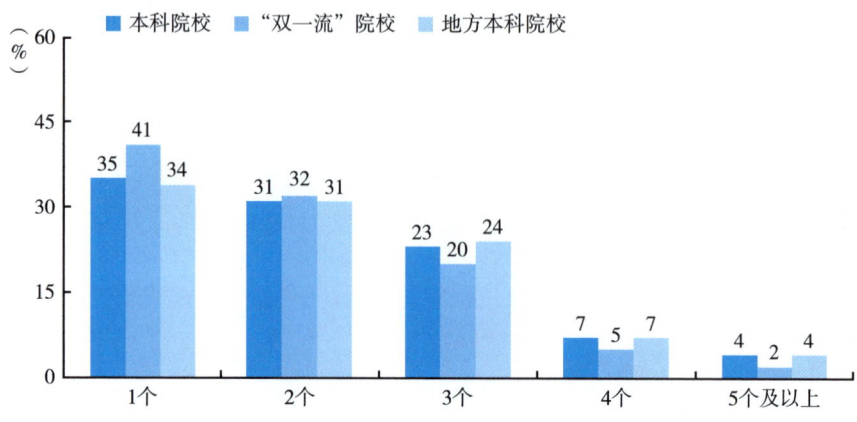

图 6-11　2018 届本科生毕业五年内工作过的雇主数频度

资料来源：麦可思 – 中国 2018 届大学毕业生五年后职业发展跟踪评价。

（32%）和五年内的雇主数（2.4 个）均最高（见表 6-10、表 6-11）。艺术学专业的这一特点可能与相关领域的就业特性有关，包括项目性工作、自由职业机会以及对创意和个人表达的重视，这些因素可能导致艺术学毕业生更频繁地更换工作和雇主。

这些趋势提示高等教育机构在专业设置和人才培养方面应考虑专业特点和就业市场的需求，为学生提供适应不同职业环境的技能和准备。同时，毕业生在职业规划时应充分考虑自身的专业特点和职业发展目标，以实现长期稳定的职业发展。

表 6-10　2021~2023 届各学科门类本科生毕业半年内的离职率

单位：%

本科学科门类名称	2023 届	2022 届	2021 届
医学	14	14	13
历史学	14	14	14
法学	18	18	20
理学	18	20	21

续表

本科学科门类名称	2023届	2022届	2021届
工学	20	17	18
教育学	20	18	19
经济学	25	25	26
农学	25	27	26
管理学	26	25	25
文学	27	26	29
艺术学	32	32	32
全国本科	22	21	22

注：个别学科门类因为样本较少，没有包括在内。
资料来源：麦可思－中国2021~2023届大学毕业生培养质量跟踪评价。

表6-11 2018届各学科门类本科生毕业五年内的平均雇主数

单位：个

本科学科门类名称	毕业五年内平均雇主数
医学	1.8
教育学	1.9
法学	2.0
经济学	2.1
理学	2.1
工学	2.1
农学	2.1
管理学	2.2
文学	2.2
艺术学	2.4
全国本科	2.1

注：个别学科门类因为样本较少，没有包括在内。
资料来源：麦可思－中国2018届大学毕业生五年后职业发展跟踪评价。

（二）离职原因

毕业生离职的主要原因集中在对更高薪资福利和更大发展空间的追求。具体来看，2023届毕业生中，有42%的人因薪资福利偏低而选择离职，34%的人因个人发展空间不够而离职（见图6-12）。这表明，对于毕业生而言，收入和个人成长是影响职场满意度和稳定性的关键因素。

值得注意的是，因薪资福利偏低、工作压力大而离职的比例相较于2022届均增加了4个百分点。这一变化可能与职场竞争加剧、工作强度增大有关，也提示了心理健康和工作环境对毕业生职场稳定性的影响。

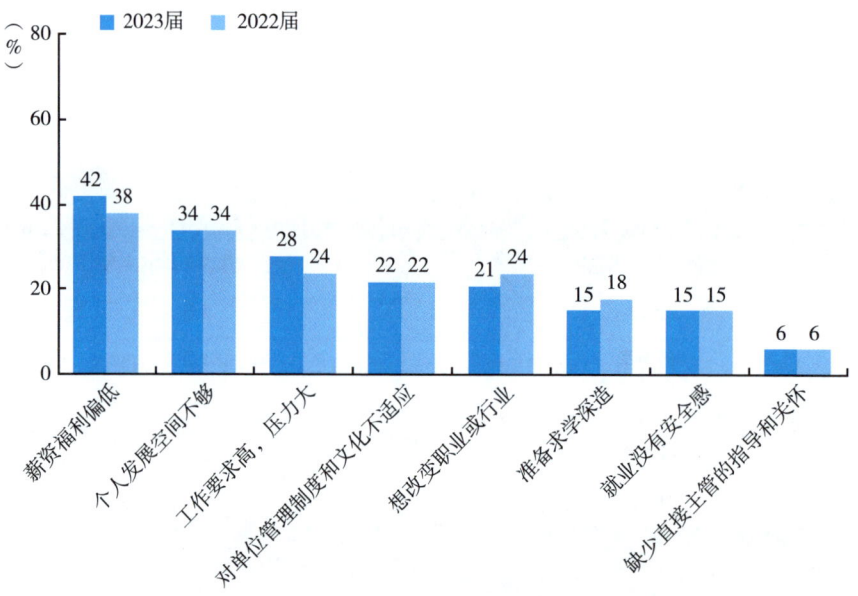

图6-12　2022届、2023届本科毕业生主动离职的原因

资料来源：麦可思-中国2022届、2023届大学毕业生培养质量跟踪评价。

B.7
2023年本科毕业生读研和留学分析

摘　要： 2023届本科毕业生在读研选择上表现出趋于理性的态度，境内读研比例稳定在17.6%，而"双一流"院校毕业生境内读研比例增至37.3%。考研竞争加剧导致不工作全职备考的比例下降至5.6%，且多数考研学生为二次备考。读研专业选择上，73%的学生选择与本科专业相关，其中"双一流"院校学生更倾向于深度发展原有专业。留学市场逐步回暖，2023届留学比例回升至1.7%，经济学、法学、文学、艺术学、管理学留学比例较高。留学人员中，76%选择回国，且在国有企业就业的比例增加，反映出对国内市场的信心。学历提升对毕业生收入和就业满意度均有显著正面影响，学历提升人群月收入高出未提升人群922元，学历提升人群就业满意度达85%。

关键词： 读研选择　专业选择　留学市场　学历提升效益　本科生

一　读研和留学比例

（一）境内读研比例

过去一段时间内研究生培养规模不断扩大，逐渐从"精英化"转向"大众化"，毕业研究生求职竞争压力增大，这在一定程度上促进本科毕业生在读研选择上更加趋于理性，持续多年的"考研热"出现降温。

从近五年的数据来看，应届本科毕业生境内读研比例增长放缓，先从2019届的15.2%增至2022届的17.9%，2023届趋于平稳，为17.6%。其中，"双一流"院校境内读研比例增幅相对明显，从2019届的30.0%增至2023届的

37.3%，上升了 7.3 个百分点（见图 7-1）。这一特点与"双一流"院校致力于培养拔尖创新人才的定位相符合，"双一流"院校通常能提供更为优质的教育资源、研究机会和学术交流平台，从而吸引了更多学生选择继续深造，追求更高层次的学术成就和专业发展。

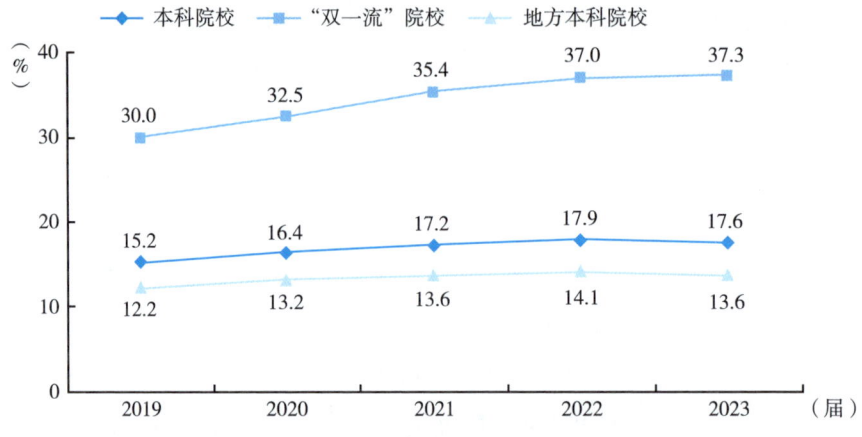

图 7-1　2019~2023 届本科毕业生境内读研的比例变化趋势

资料来源：麦可思－中国 2019~2023 届大学毕业生培养质量跟踪评价。

随着考研竞争的日益激烈，应届本科毕业生在初次考研中未能成功的情况变得更加普遍。中国教育在线编制的《2023 年全国研究生招生调查报告》显示，2023 年全国硕士研究生报名人数达到 474 万人；而根据教育部发布的数据，2023 年共招收硕士研究生 114.84 万人。除掉保研的人数，留给考研者的竞争名额更为有限。2023 届本科毕业生选择不工作全职准备考研的比例（5.6%）相比 2022 届（6.7%）出现明显下降（见图 7-2）。这与考研难度的增加、就业市场的压力等因素有关。报考规模庞大导致许多没有上岸的考生付出更多的沉没成本，这使得越来越多的人重新进行人生规划。

2023 届正在准备考研的毕业生中，有 80% 的人已经参加过研究生考试（见图 7-3），这表明正在准备考研的学生大多数是二战考研，可能在初次尝试中未能达到预期目标或失利，从而选择再次备考。初次考研失利的毕业生

2023 年本科毕业生读研和留学分析

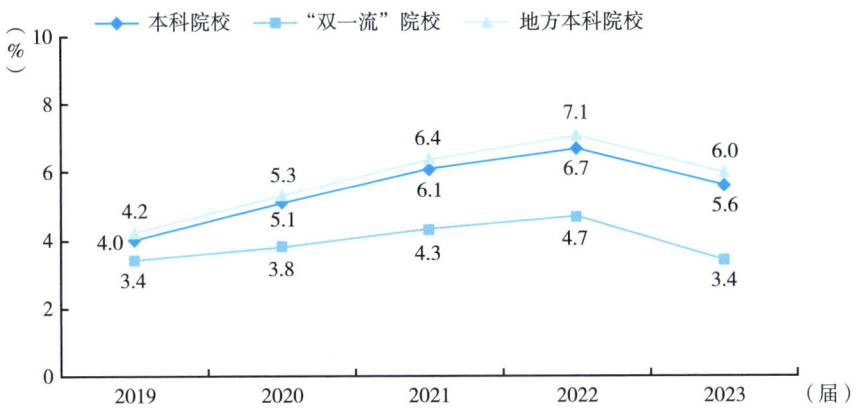

图 7-2　2019~2023 届本科毕业生不工作准备考研的比例变化趋势

资料来源：麦可思－中国 2019~2023 届大学毕业生培养质量跟踪评价。

中，半数以上是由于初试总分未达到录取线（见图 7-4），这可能与报考规划不合理、考试准备不足、考试策略不当等因素有关。上述情况也提示，高等教育机构应提供更多的指导和支持服务，如考研咨询、心理辅导、模拟考试等，以帮助学生合理规划和应对挑战。

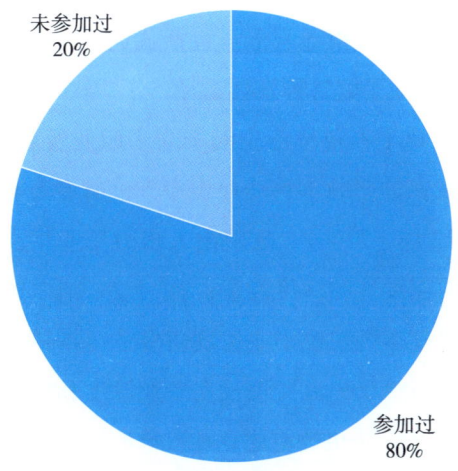

图 7-3　2023 届本科毕业半年后准备考研群体参加过国内研究生考试的比例

资料来源：麦可思－中国 2023 届大学毕业生培养质量跟踪评价。

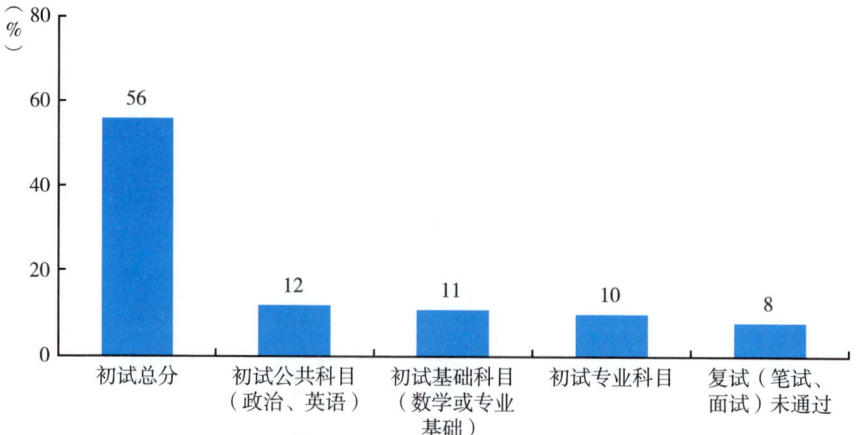

图 7-4 2023 届本科毕业半年后准备考研群体初次考研未通过科目

资料来源：麦可思-中国 2023 届大学毕业生培养质量跟踪评价。

随着考研竞争的加剧，毕业生在二次甚至三次考研中的成功率呈现下降趋势。2020 届毕业后准备考研的本科生群体中，三年内成功考上研究生的比例为 39.9%，相比 2019 届的 41.5% 进一步下降（见图 7-5）。考研是毕业生职业发展的一个重要选择，考研决策应基于个人兴趣、职业目标和市场实际需求综合考量，毕业生需积极适应变化，探索适合自己的发展道路。高校可以提供更加全面的职业发展指导服务，包括就业咨询、实习机会、职业规划等，以帮助毕业生更好地了解各种发展途径。

读研专业选择反映了本科毕业生对于未来职业发展和学术兴趣的考量。具体来看，2023 届正在读研的本科毕业生中，读研专业与本科专业的相关度为 73%，略高于 2022 届（72%），反映出大多数毕业生在选择研究生专业时更加注重专业知识的连续性和深度发展。在"双一流"院校中，这一相关度更高，达到 76%；地方本科院校毕业生读研专业与本科专业的相关度为 72%（见图 7-6）。这可能与"双一流"院校在专业深度和研究能力培养方面的优势有关，"双一流"院校学生可能更愿意在自己原有的专业领域内继续发展。

农学、理学、医学的读研比例[①] 连续三届均达到或超过 25%（见表 7-1），

---

① **各学科门类读研比例**＝各学科门类境内读研的毕业生人数／该学科门类毕业生总人数。

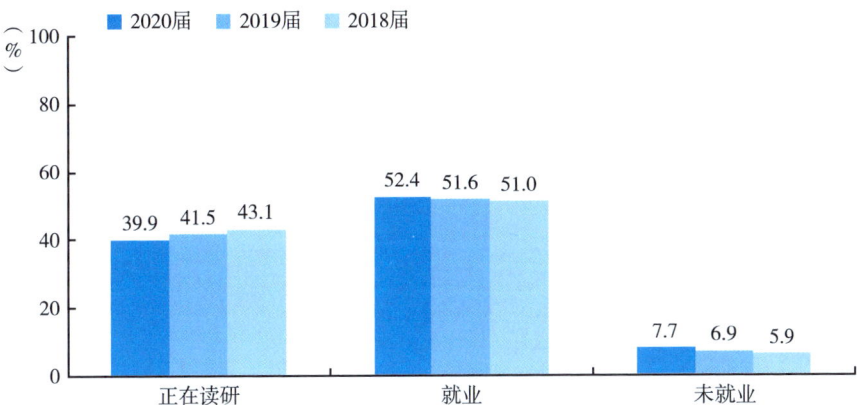

图 7-5 2018~2020 届本科生毕业半年后准备考研群体三年后的学历提升情况

资料来源：麦可思 - 中国 2018~2020 届大学毕业生三年后职业发展跟踪评价，2018~2020 届大学毕业生培养质量跟踪评价。

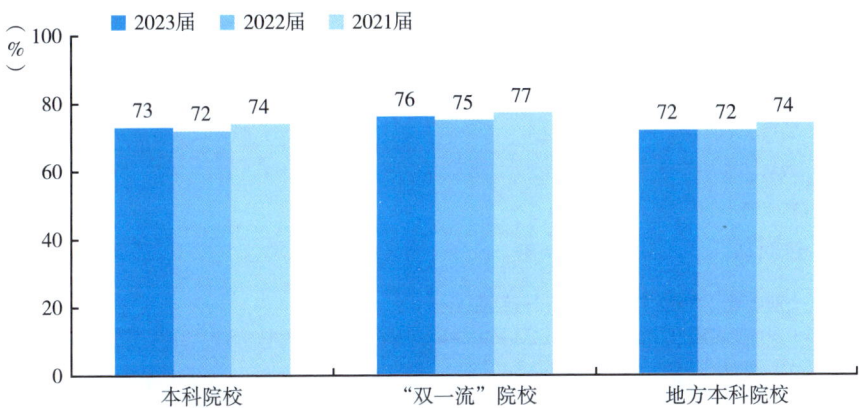

图 7-6 2021~2023 届本科毕业生读研专业与本科专业的相关度

资料来源：麦可思 - 中国 2021~2023 届大学毕业生培养质量跟踪评价。

反映了这些领域对高层次人才需求大。特别是农学和理学呈现持续上升的趋势，这也和国家科技创新、可持续发展战略对高层次人才的需求增长有关。

在 2023 届本科毕业生攻读学术学位的主要研究生学科类别分布中，化学、生物学、法学、材料科学与工程、马克思主义理论排名前五（见表 7-2），这表明基础学科研究和社会科学领域是学术研究的重点领域。攻读专业学位

131

的主要研究生专业领域分布中，电子信息、材料与化工、教育、机械、能源动力排名前五（见表7-3），这些专业领域紧密关联当前和未来产业发展的重点方向，如新一代信息技术、新材料、教育创新和新型能源体系建设等，显示出专业学位研究生教育与市场需求结合紧密。

表7-1　2021~2023届本科各学科门类毕业生读研比例

单位：%

本科学科门类名称	2023届	2022届	2021届
农学	28.8	28.1	25.6
理学	27.8	26.9	25.0
医学	27.3	28.5	28.0
历史学	24.3	22.8	21.3
工学	20.4	21.1	20.1
法学	20.1	21.1	20.6
文学	14.8	14.3	14.2
经济学	14.7	14.0	13.8
管理学	12.1	11.2	11.6
教育学	11.2	12.2	12.3
艺术学	9.0	8.1	7.7
全国本科	17.6	17.9	17.2

注：个别学科门类因为样本较少，没有包括在内。
资料来源：麦可思－中国2021~2023届大学毕业生培养质量跟踪评价。

表7-2　2023届本科毕业生读研的主要研究生学科类别分布（学术学位）

单位：%

主要学科类别	分布比例	主要学科类别	分布比例
化学	4.9	物理学	3.2
生物学	4.7	工商管理	3.0
法学	4.2	计算机科学与技术	2.8
材料科学与工程	4.2	中国语言文学	2.7
马克思主义理论	3.5	公共管理	2.5
数学	3.4	外国语言文学	2.5

2023 年本科毕业生读研和留学分析

续表

主要学科类别	分布比例	主要学科类别	分布比例
机械工程	2.4	食品科学与工程	1.5
药学	2.2	电子科学与技术	1.5
应用经济学	2.1	控制科学与工程	1.4
教育学	1.9	信息与通信工程	1.4
环境科学与工程	1.9	哲学	1.2
管理科学与工程	1.7	新闻传播学	1.1
土木工程	1.7	基础医学	1.1
临床医学	1.7	医学技术	1.0
地理学	1.7	中药学	1.0
科学技术史	1.6	体育学	1.0
中国史	1.5	统计学	1.0
化学工程与技术	1.5	生态学	1.0

注：比例较低的学科类别没有展示。
资料来源：麦可思－中国2023届大学毕业生培养质量跟踪评价。

表 7-3　2023 届本科毕业生读研的主要研究生专业领域分布（专业学位）

单位：%

主要专业领域	分布比例	主要专业领域	分布比例
电子信息	13.7	会计	3.3
材料与化工	8.4	农业推广	3.1
教育	6.2	翻译	2.8
机械	5.7	中医	2.7
能源动力	5.3	新闻与传播	2.0
土木水利	4.9	金融	1.9
临床医学	4.9	设计	1.6
资源与环境	4.3	应用统计	1.3
生物与医药	3.6	药学	1.3
法律	3.6	体育	1.2

133

续表

主要专业领域	分布比例	主要专业领域	分布比例
社会工作	1.1	戏剧与影视	0.9
公共卫生	1.1	国际商务	0.9
工程管理	1.1	中药学	0.9
汉语国际教育	1.0	风景园林	0.8
兽医	1.0	应用心理	0.8

注：比例较低的专业领域没有展示。
资料来源：麦可思－中国2023届大学毕业生培养质量跟踪评价。

各学科读研专业与本科专业的相关度反映了不同学科在高等教育体系中的连贯性和专业性。具体来看，近三年法学、历史学毕业生读研专业与本科专业的相关度均达到或超过84%。这可能与这些学科对专业知识体系的深度理解和批判性思维能力的要求有关。

相比之下，经管类学科读研专业与本科专业的相关度较低（见表7-4），这可能与相关领域的跨学科性质和较强的应用性有关。这种跨学科的趋势有助于培养复合型人才，满足市场对于具有多元知识结构和创新能力人才的需求。对于高等教育机构而言，应加强学科间的交流与合作，提供更多跨学科学习的平台和机会，同时也需要完善评价体系和培养方案，确保研究生教育的质量。

表7-4　2021~2023届本科各学科门类毕业生读研专业与本科专业的相关度

单位：%

本科学科门类名称	2023届	2022届	2021届
法学	89	89	88
历史学	88	84	86
医学	83	84	87
理学	81	80	79

2023年本科毕业生读研和留学分析

续表

本科学科门类名称	2023届	2022届	2021届
教育学	76	78	79
工学	75	75	77
农学	75	74	72
艺术学	69	71	74
文学	68	69	71
经济学	58	57	59
管理学	50	50	55
全国本科	73	72	74

注：个别学科门类因为样本较少，没有包括在内。
资料来源：麦可思－中国2021~2023届大学毕业生培养质量跟踪评价。

（二）留学比例

疫情对全球教育和留学市场产生较大影响，导致2020届、2021届本科毕业生的留学比例出现明显下降。随着疫情结束，留学市场开始逐步恢复。数据显示，2022届、2023届本科毕业生的留学比例（分别为1.3%、1.7%）开始回升（见图7-7），这对于有意向留学的学生来说，是一个积极的信号，意味着他们有更多的机会和可能性去实现自己的留学目标。

从不同院校类型来看，"双一流"院校中，留学比例的回升更为显著，2023届为3.5%，较2022届（2.8%）增加了0.7个百分点。这与"双一流"院校的国际化发展战略和资源优势有关，"双一流"院校为学生提供了更多的留学资源和支持，如国际交流项目、海外学习平台等。

从不同学科门类来看，经济学2021~2023届毕业生留学比例[①]（均为3.6%）保持稳定且较高，2023届法学、艺术学毕业生留学比例较2021届分别上升了

---

① **各学科门类留学比例**＝各学科门类留学的毕业生人数/该学科门类毕业生总人数。

135

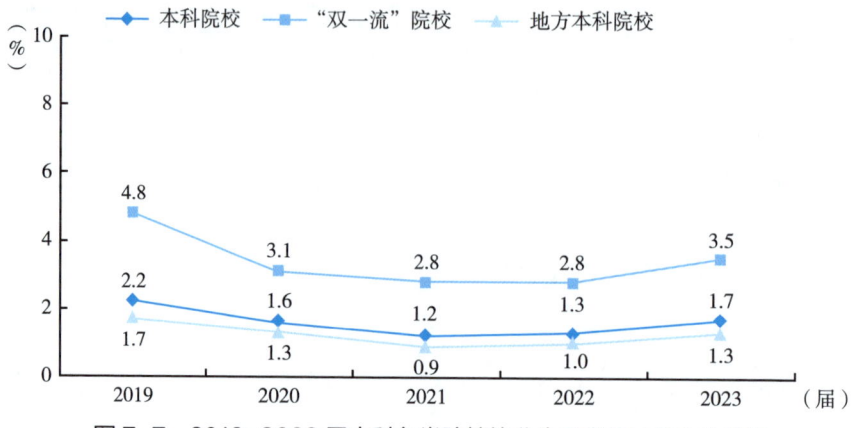

图 7-7 2019~2023 届本科各类院校毕业生留学的比例变化趋势

资料来源：麦可思－中国 2019~2023 届大学毕业生培养质量跟踪评价。

1.0 个、0.8 个百分点（见表 7-5）。这可能与相关学科领域的全球化特性和对跨文化经验的重视有关。

在留学专业类分布上，工商管理学是留学最为热门的专业类，占比高达 29.3%，这与其实用性强、就业前景广阔以及国际商业环境的通用性有关；留学人群选择教育学、计算机与信息科学类专业的占比也相对较高，均在 6% 以上，这可能与相关领域的全球性和技术快速发展有关，吸引了更多学生前往海外深造，以获取最新的知识和技能（见图 7-8）。

表 7-5 2021~2023 届本科各学科门类毕业生留学比例

单位：%

本科学科门类名称	2023 届	2022 届	2021 届
经济学	3.6	3.6	3.6
法学	2.6	1.9	1.6
文学	2.2	1.9	1.9
艺术学	2.0	1.5	1.2
管理学	2.0	1.6	1.3
理学	1.7	1.1	1.1

2023 年本科毕业生读研和留学分析

续表

本科学科门类名称	2023 届	2022 届	2021 届
工学	1.2	0.8	0.7
教育学	0.9	0.4	0.2
农学	0.9	0.3	0.2
医学	0.8	0.4	0.2
历史学	0.6	0.1	0.1
全国本科	1.7	1.3	1.2

注：个别学科门类因为样本较少，没有包括在内。
资料来源：麦可思－中国 2021~2023 届大学毕业生培养质量跟踪评价。

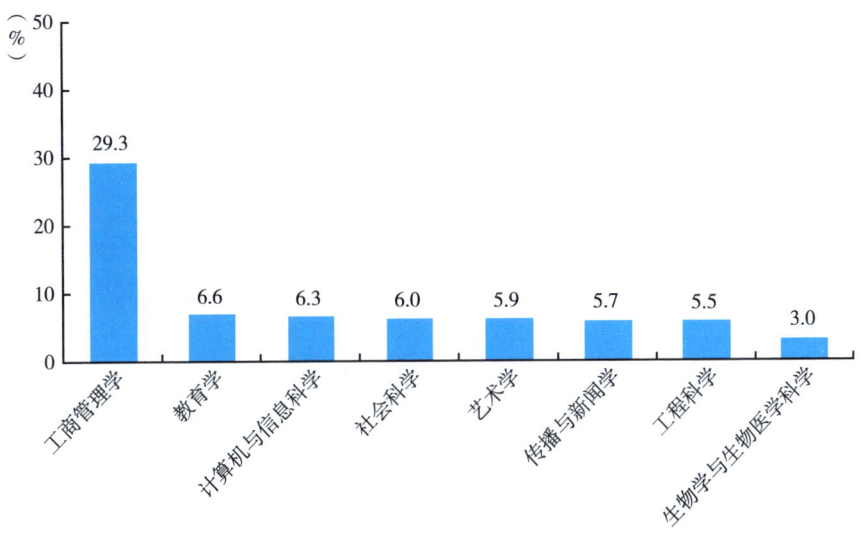

图 7-8　2023 届本科毕业生留学的主要专业类分布

资料来源：麦可思－中国 2023 届大学毕业生培养质量跟踪评价。

二　读研和留学动机

（一）境内读研动机

毕业生选择读研主要是为了增强就业竞争力和满足职业发展需求。根据

2023届毕业生的数据，分别有48%、45%的毕业生因就业前景好、职业发展需要而选择读研（见图7-9）。然而值得注意的是，毕业生因就业难暂时读研、随大流而读研的比例呈上升趋势，这可能与当前就业市场的压力和对于未来职业方向的不确定性有关。针对这一现象，高等教育机构和政策制定者应提供更多的职业规划和就业指导服务，帮助毕业生更好地了解就业市场，明确自己的职业目标，并制定实现目标的策略，以适应不断变化的就业环境，减少盲目读研的情况。

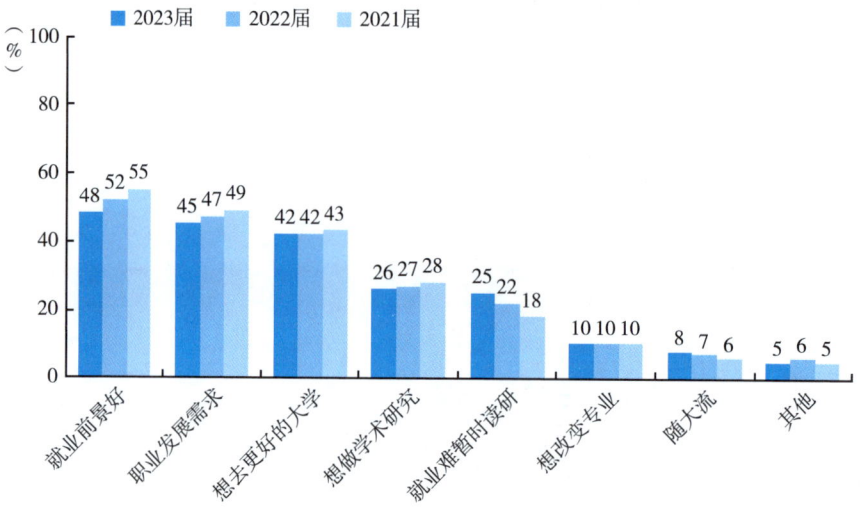

图7-9　2021~2023届本科毕业生读研的主要动机

资料来源：麦可思－中国2021~2023届大学毕业生培养质量跟踪评价。

面对日益激烈的考研竞争，本科毕业生在选择读研院校时的考量因素发生了变化。具体来看，2023届考研群体中，关注所学专业声誉的比例（24%）有所下降，而关注学校所在城市和容易考上的比例（分别为22%、14%）有所上升（见图7-10）。这可能反映了毕业生在面对竞争压力时，更加关注未来的就业机会和发展规划。

2023年本科毕业生读研和留学分析

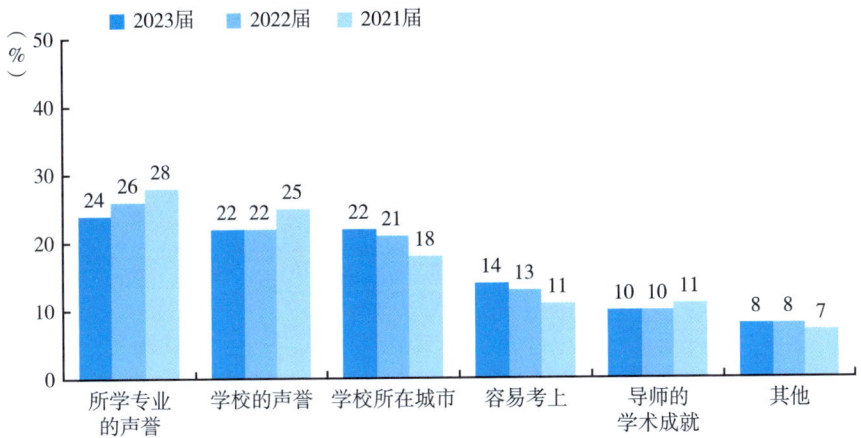

图 7-10　2022 届、2023 届本科院校毕业生选择读研院校时最关注的因素分布

资料来源：麦可思 – 中国 2022 届、2023 届大学毕业生培养质量跟踪评价。

（二）留学动机

在留学动机方面，增强职业综合竞争力是 2023 届毕业生选择留学的首要因素（31%）；其后依次是接受先进的教育方式、学习先进的知识和技能（分别为 22%、19%）（见图 7-11）。

留学经历对毕业生能力的提升、知识面的拓宽以及视野的开阔有着重要影响。通过留学，毕业生不仅能够接触到最新的学术研究和行业动态，还能够体验不同的文化和价值观，从而促进个人的全面发展和适应全球化社会的能力。

毕业生留学后的"回国意愿"出现波动，其中持"不确定"态度的比例有所上升。在 2023 届选择留学的本科毕业生中，计划完成学业后直接回国工作的比例为 48%，较 2022 届的 50% 和 2021 届的 65% 有所下降。同时，有 30% 的毕业生对于是否回国持"不确定"态度，这一比例较 2021 届的 17% 上升了 13 个百分点（见图 7-12）。

这一变化可能与多种因素有关，包括国际就业市场的变化、国内外经济和社会发展情况、个人职业规划的不确定性以及对于未来工作和生活环境的

139

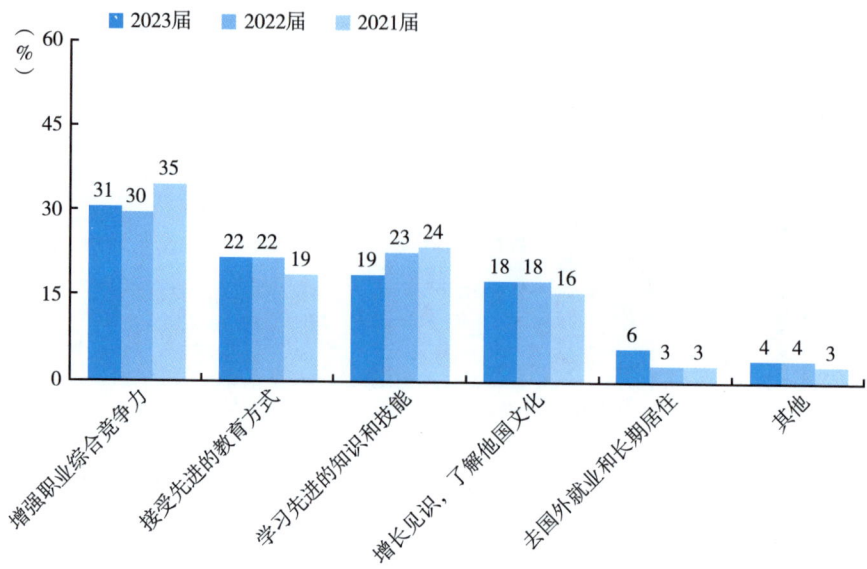

图 7-11 2021~2023 届本科毕业生留学的主要动机

资料来源：麦可思－中国 2021~2023 届大学毕业生培养质量跟踪评价。

考虑等。随着全球化的深入发展，毕业生可能更加关注国际化的职业机会和个人成长空间，而不是仅限于国内就业市场。

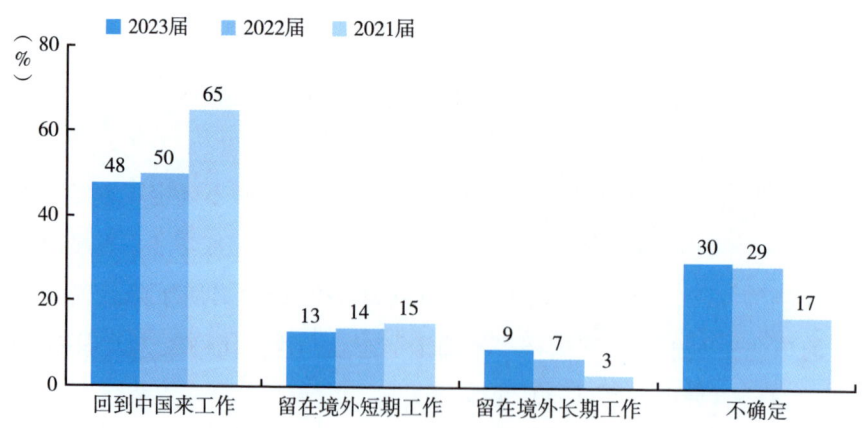

图 7-12 2021~2023 届本科毕业生留学后的回国意愿分布

资料来源：麦可思－中国 2021~2023 届大学毕业生培养质量跟踪评价。

本科毕业后留学群体七成以上学成归国。通过跟踪2018届本科毕业半年后留学群体的数据显示，五年后有76%的留学生选择回国，与2017届（77%）基本持平，反映出留学归国人员对国内市场的信心和对国内发展机会的重视（见图7-13）。

留学归国人员在选择居住城市时，一线城市因其优质的社会公共资源、成熟的市场环境和丰富的就业机会而成为首选。上海、北京和深圳作为国内经济和文化中心，吸引了大量留学归国人员，分别有16.6%、15.9%和8.4%的留学归国群体选择在这些城市居住。这表明一线城市在吸引高层次人才方面具有明显优势。

同时，新一线城市的快速发展也吸引了留学归国人员的关注。杭州、成都等新一线城市凭借其良好的产业发展环境、相对宽松的居住条件和较高的生活质量，逐渐成为留学归国人员的新选择（见表7-6）。这些城市在吸引人才方面采取了一系列积极措施，如提供创业支持、住房补贴、职业发展平台等，进一步增强了对留学归国人员的吸引力。

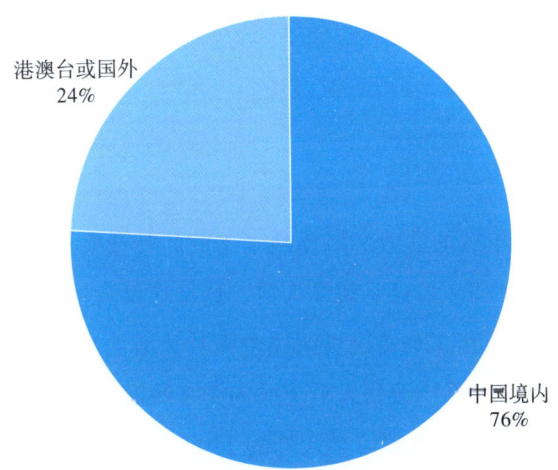

图7-13 2018届本科毕业半年后留学人群五年后的居住地分布

资料来源：麦可思-中国2018届大学毕业生五年后职业发展跟踪评价，2018届大学毕业生培养质量跟踪评价。

就业蓝皮书·本科

表 7-6 2018 届本科毕业半年后留学人群五年后在境内的主要居住城市

单位：%

主要城市	分布比例
上海	16.6
北京	15.9
深圳	8.4
广州	5.0
杭州	4.9
成都	4.2
武汉	3.2
南京	3.0
苏州	2.8
西安	2.5

资料来源：麦可思－中国 2018 届大学毕业生五年后职业发展跟踪评价，2018 届大学毕业生培养质量跟踪评价。

三 职业发展

（一）用人单位分布

升学人群在五年后的就业选择反映了不同的就业倾向和职业规划。具体来看，无论是境内读研人群还是留学人群，选择在民营企业/个体就业的比例均较高，分别为 29% 和 37%，这表明民企因其灵活性和创新性吸引了大量高等教育毕业生。同时，境内读研人群更倾向于在政府机构/科研或其他事业单位就业，占比达到 40%，远超留学人群的 17%，这可能与境内读研人群更加求稳有关。留学人群则更倾向于在中外合资/外资/独资企业就业，占比达到 20%，远超境内读研人群的 4%，这可能与留学人群的国际化背景和对跨国公司工作环境的适应性有关（见图 7-14）。

值得注意的是，留学人群在国有企业就业的比例相比上一届有所提升，从 22% 增加到 25%，这反映了国有企业对高层次人才的吸引力以及留学归国人员对稳定和发展前景并重的就业选择。

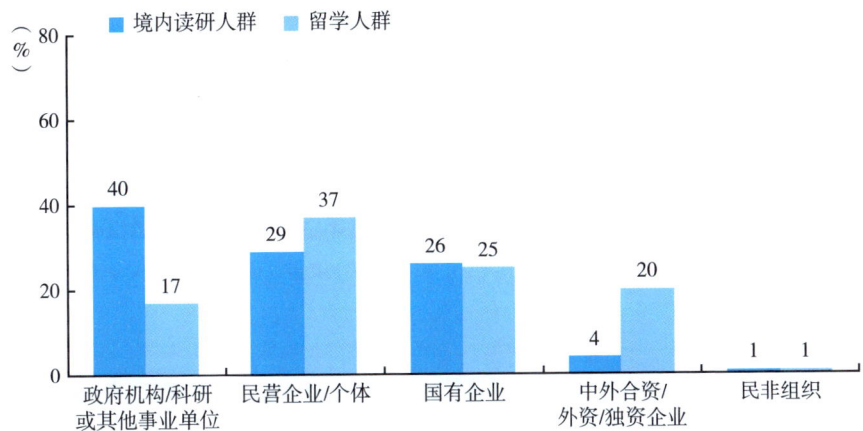

图 7-14 2018 届本科毕业半年后境内读研与留学人群五年后就业的用人单位类型对比

资料来源：麦可思 - 中国 2018 届大学毕业生五年后职业发展跟踪评价，2018 届大学毕业生培养质量跟踪评价。

（二）就业质量

2018 届本科生中，毕业时直接选择升学的比例为 16.8%，而在五年后，有过学历提升的比例增加到了 23.9%（见图 7-15），这表明在职场中积累了一定经验后，有更多的毕业生选择回到学校进一步提升自己的学历水平。这可能与职场竞争加剧、职业发展需求以及个人成长愿望等多种因素有关。

随着毕业时间的推移，学历提升对于毕业生的收入水平、就业满意度具有显著的正面影响。2018 届本科毕业生在毕业五年后，有过学历提升的人群月收入达到 11311 元，相较于学历未提升人群的 10389 元，高出 922 元（见图 7-16）。这一差异表明，继续深造和提升学历能够为毕业生带来经济上的回报，增加其在就业市场上的竞争力。

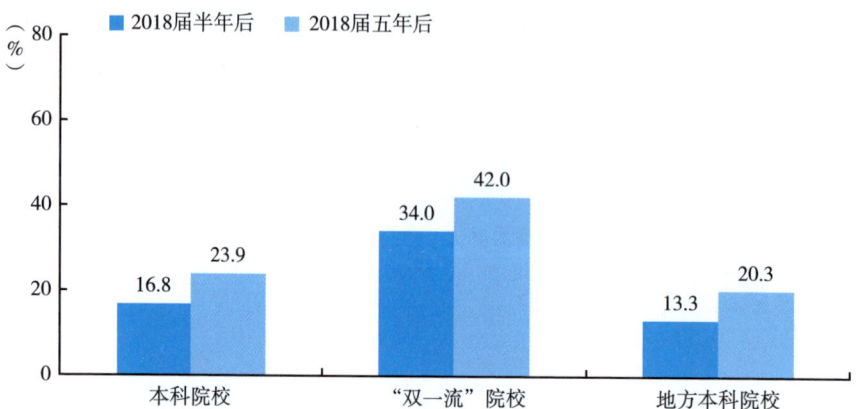

图 7-15 2018 届本科生毕业半年后、五年后学历提升人群的比例

资料来源：麦可思－中国 2018 届大学毕业生五年后职业发展跟踪评价，2018 届大学毕业生培养质量跟踪评价。

从本科毕业五年后的就业满意度来看，学历提升人群的就业满意度为 85%，明显高于学历未提升人群的 79%（见图 7-17）。这一差异表明，通过继续深造和提升学历，毕业生在职场中获得了更高的工作满意度和职业幸福感。

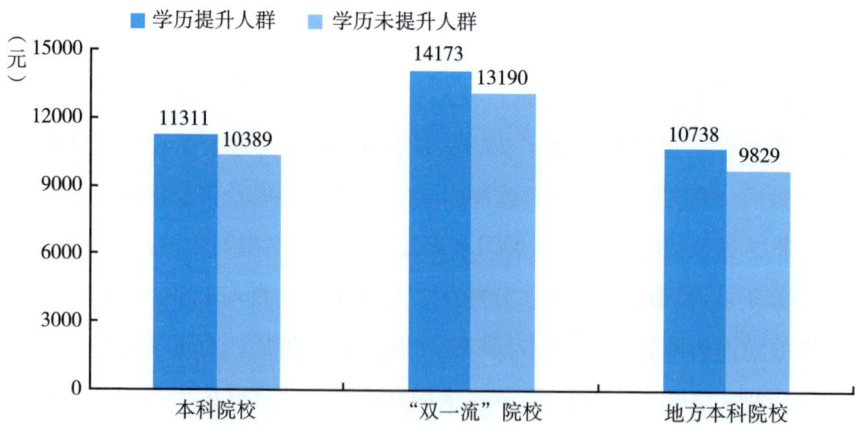

图 7-16 2018 届本科毕业五年后学历提升人群和学历未提升人群的月收入对比

资料来源：麦可思－中国 2018 届大学毕业生五年后职业发展跟踪评价。

2023 年本科毕业生读研和留学分析

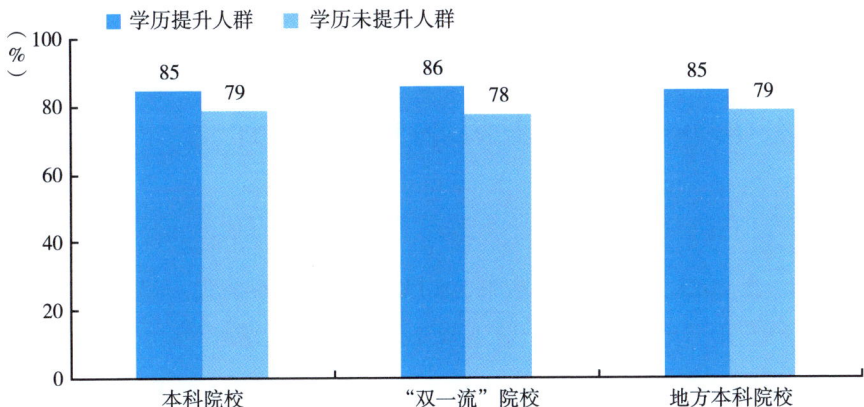

图 7-17　2018 届本科毕业五年后学历提升人群和学历未提升人群的就业满意度对比

资料来源：麦可思 – 中国 2018 届大学毕业生五年后职业发展跟踪评价。

B.8
2023年本科毕业生灵活就业分析

摘　要： 在2023届本科毕业生中，5.1%选择了灵活就业，相比2022届的4.6%有所上升，反映出毕业生就业观念的转变和市场新需求。灵活就业包括受雇半职工作、自由职业和自主创业，其中自主创业的满意度高达84%，超出本科平均水平。地方本科院校毕业生更倾向于灵活就业，可能与就业竞争有关。教育领域灵活就业比例下降，而文体娱乐产业和零售业，尤其是依托数字技术的新型零售，成为就业热门选择。尽管自主创业面临高风险，但毕业生的创业意愿随经验积累而增强。然而，资金短缺和缺乏管理经验是创业的主要难题。高校和政策制定者需提供更多支持，包括实践教学、创业指导和资金援助。

关键词： 灵活就业　新形态　数字经济　政策保障　本科生

一　灵活就业比例

2023届本科毕业生中，有5.1%的人在毕业半年后选择了灵活就业，这一比例高于2022届的4.6%。灵活就业包括受雇半职工作、自由职业和自主创业等形式，这些就业方式为毕业生提供了更多的工作选择和职业发展路径。具体来看，选择受雇半职工作的毕业生占1.5%，选择自由职业的占2.2%，选择自主创业的占1.4%（见图8-1）。从不同院校类型来看，地方本科院校毕业生选择灵活就业的比例（5.7%）更高，这也和毕业生的就业竞争难度有关。

这一趋势表明，随着就业市场的变化和毕业生就业观念的更新，灵活就业成为越来越多毕业生的选择。高等教育机构和政策制定者应关注这一变化，提供更多的就业指导和支持服务，帮助毕业生更好地适应灵活就业的挑战和机遇。

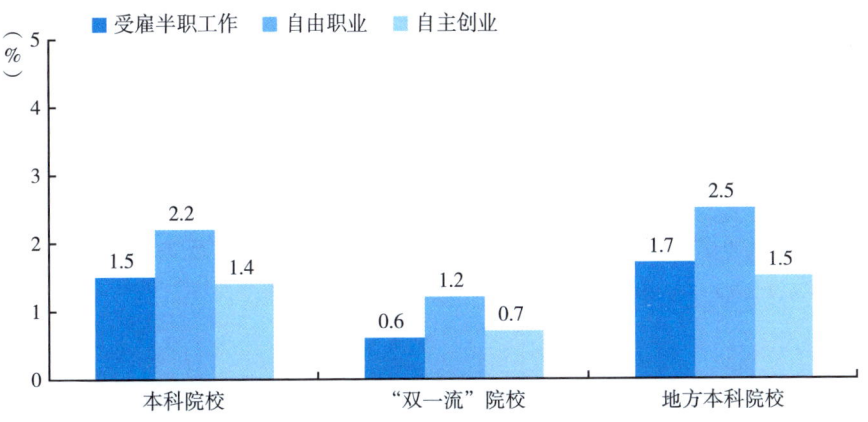

图 8-1　2023 届本科毕业生各类灵活就业的比例

资料来源：麦可思－中国 2023 届大学毕业生培养质量跟踪评价。

随着教育培训机构的治理和规范，灵活就业毕业生在教育领域的占比有所下降。具体数据显示，受雇半职工作的本科毕业生中有 35.5% 服务于教育领域，自由职业的本科毕业生中有 18.9% 在教育领域，自主创业的本科毕业生中有 13.7% 在教育领域（见图 8-2、图 8-3、图 8-4）。与 2022 届相比，这些比例分别下降了 4.1 个、5.6 个、1.4 个百分点。这一变化反映了教育行业对灵活就业机会的调整，以及毕业生对于就业领域选择的多样化。

另外，文体娱乐产业因其创意性和趣味性，成为灵活就业毕业生的重要选择。2023 届自由职业群体在该领域的占比位列第一。这可能与文体娱乐产业的快速发展、市场活力以及对创新和个性化需求的增长有关。

零售业也吸引了较多灵活就业毕业生，尤其是依托数字技术的新型零售。这些新兴领域为毕业生提供了更加多样化的职业路径和创新机会，同时也反映了数字经济和数字技术对就业市场的深远影响。

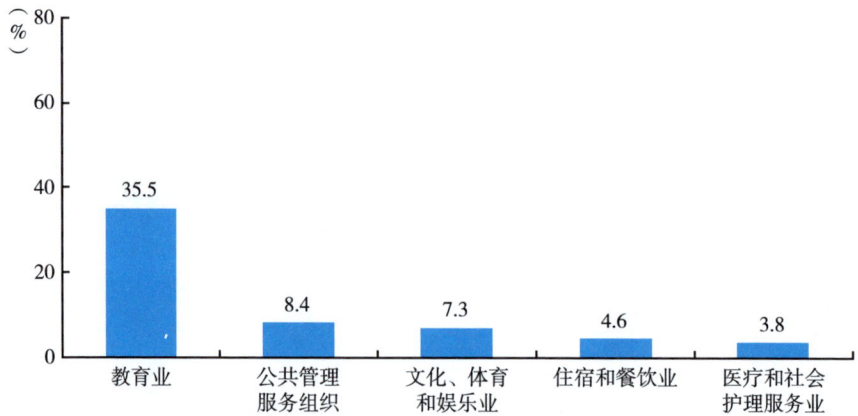

图 8-2　2023 届本科毕业生受雇半职工作最集中的前五位行业类

资料来源：麦可思－中国 2023 届大学毕业生培养质量跟踪评价。

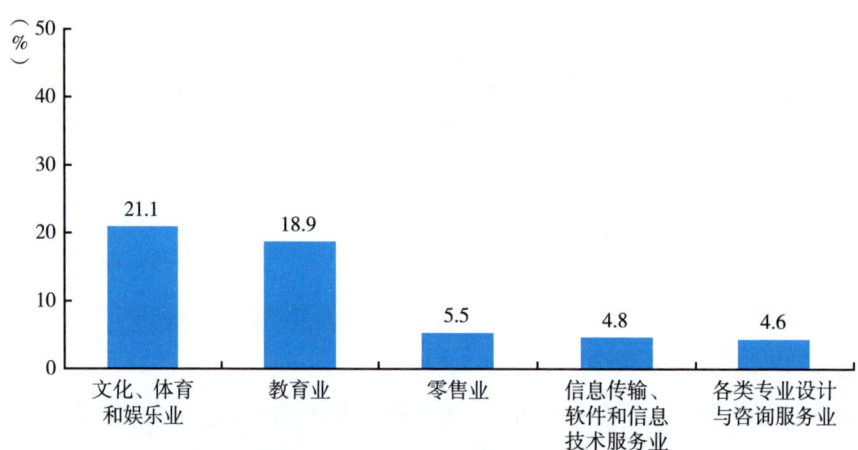

图 8-3　2023 届本科毕业生自由职业最集中的前五位行业类

资料来源：麦可思－中国 2023 届大学毕业生培养质量跟踪评价。

二　灵活就业质量

灵活就业毕业生的就业质量呈现不同的特点。自主创业群体虽然平均月

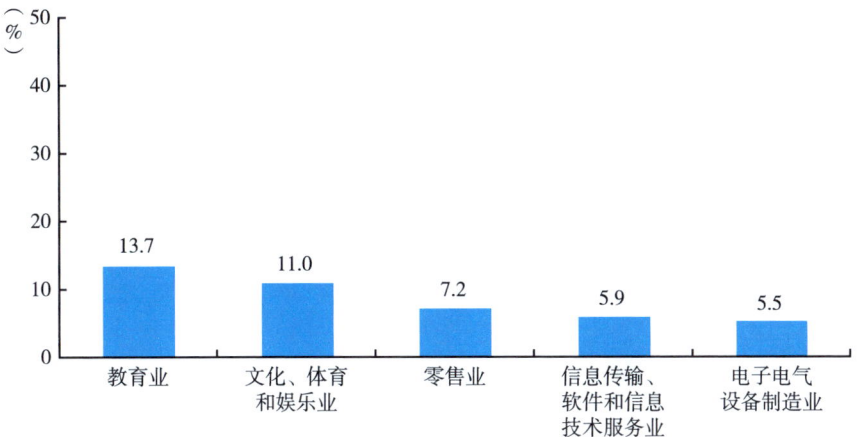

图 8-4　2023 届本科毕业生自主创业最集中的前五位行业类

资料来源：麦可思 - 中国 2023 届大学毕业生培养质量跟踪评价。

收入低于本科毕业生平均水平，但就业满意度较高，这可能与自主创业带来的自主性、创造性和成就感有关（见图 8-5、图 8-6）。2023 届选择自主创业的本科毕业生就业满意度为 84%，高于本科毕业生的平均水平 78%。这表明，尽管自主创业可能面临更多的不确定性和风险，但对于愿意接受挑战和追求自我实现的毕业生来说，这种工作方式能够带来较高的从业幸福感。

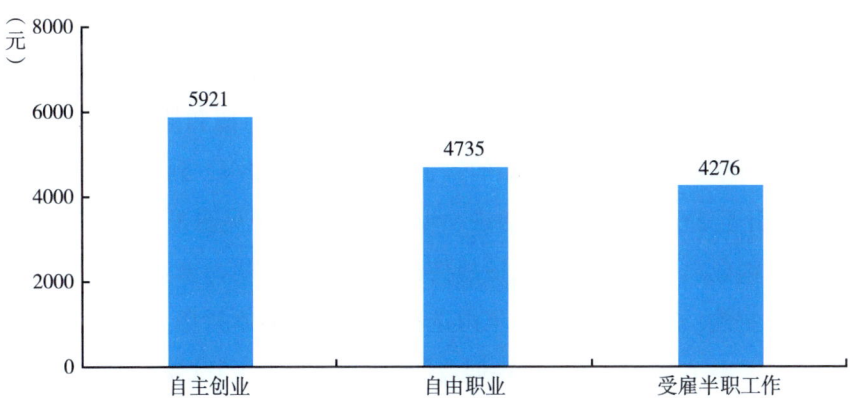

图 8-5　2023 届本科各类灵活就业毕业生的月收入

资料来源：麦可思 - 中国 2023 届大学毕业生培养质量跟踪评价。

149

相比之下，自由职业和受雇半职工作的群体月收入相对较低，就业安全感和幸福感也相对较弱。这可能与相关工作形式的稳定性较弱、缺乏充分的社会保障和福利待遇有关。灵活就业虽然提供了较高的工作自由度，但在制度保障和政策支持方面仍有待进一步完善。

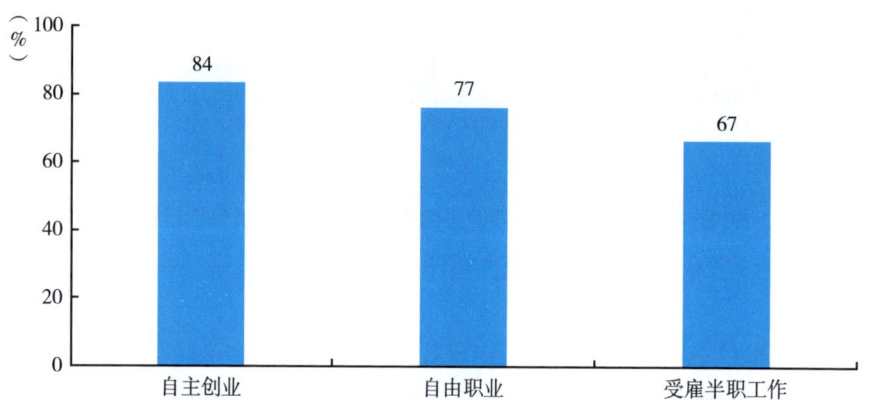

图8-6 2023届本科各类灵活就业毕业生的就业满意度

资料来源：麦可思－中国2023届大学毕业生培养质量跟踪评价。

三 自主创业人群职业发展

毕业生自主创业的比例随着毕业时间的延长而持续上升，这表明随着毕业生在职场中经验和资源的积累，他们对于创业的意愿和能力均有所增强。2018届本科毕业生在毕业半年后的自主创业比例为1.8%，到毕业三年后，这一比例上升至2.6%，毕业五年后进一步增加到3.1%（见图8-7）。

自主创业群体面临的生存挑战持续增加，这反映为创业过程中的高风险和不确定性。2018届毕业半年内选择自主创业的本科毕业生中，大多数在五年内退出了创业领域，坚持创业的比例不足1/3（31.0%），这一比例相比2017届同期的32.9%略有下降（见图8-8）。这表明，尽管创业初期充满激情和理想，但随着时间的推移，许多创业者可能会因为各种原因而不得不

2023 年本科毕业生灵活就业分析

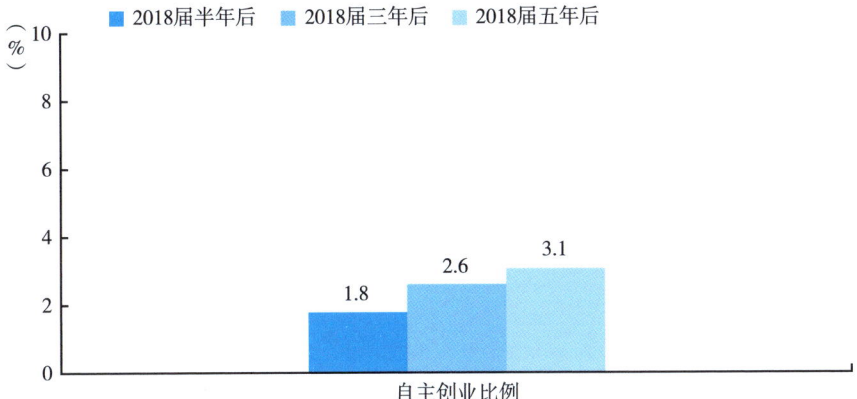

图 8-7 2018 届本科毕业生五年后自主创业的比例（与 2018 届半年后、三年后对比）

资料来源：麦可思－中国 2018 届大学毕业生五年后职业发展跟踪评价，2018 届大学毕业生三年后职业发展跟踪评价，2018 届大学毕业生培养质量跟踪评价。

放弃。

创业资金问题是创业者普遍面临的难题，资金短缺可能导致项目无法持续。此外，缺乏企业管理和市场推广经验也是创业群体面临的主要困难。创业者可能在技术或产品开发方面有所专长，但在将产品推向市场、管理团队

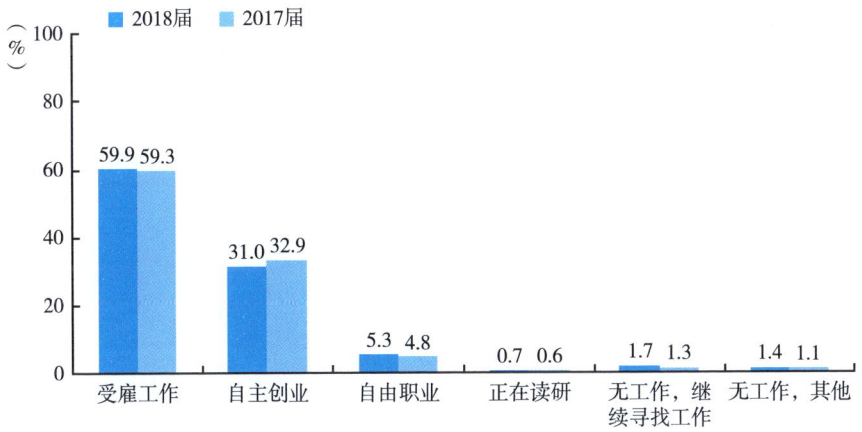

图 8-8 2018 届本科毕业半年后自主创业者五年后的去向分布（与 2017 届对比）

资料来源：麦可思－中国 2017 届、2018 届大学毕业生五年后职业发展跟踪评价，2017 届、2018 届大学毕业生培养质量跟踪评价。

151

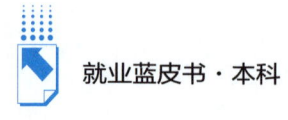

和企业运营方面经验不足，这些因素都可能影响创业项目的成功。

针对这些问题，高校的创新创业教育可以有针对性地加强实践教学和案例分析，帮助学生提前了解和准备应对创业过程中可能遇到的挑战。同时，政策制定者也应加强对创业群体的支持和保障，提供创业指导、资金援助、税收优惠等措施。

B.9 2023年本科毕业生能力分析

摘　要： 2023届本科毕业生在基本工作能力方面稳步提升，基本工作能力满足度从2019届的85%增长至89%，反映高等教育对职场需求的适应性。"双一流"院校和地方本科院校毕业生掌握的基本工作能力水平均达到61%，突出了教育质量的提升和行业联系的加强。关键能力如谈判技能、判断和决策、设计思维、疑难排解和电脑编程被认为重要，尤其是电脑编程能力，但其满足度相对较低，需进一步提升。毕业生在信息搜索与处理和终身学习能力上的需求度高，但实际工作中满足度存在差距，反映了持续学习的重要性。素养方面，理想信念、遵纪守法、诚实守信等方面提升显著，而国际视野和数字素养需加强。高等教育机构需关注这些领域，以培养更适应全球化和数字化挑战的毕业生。

关键词： 能力达成　电脑编程　终身学习　数字素养　本科生

一　本科生基本工作能力评价

（一）背景介绍

工作能力： 从事某项工作必须具备的能力，分为职业能力和基本工作能力。职业能力是从事某一职业特别需要的能力，基本工作能力是所有工作都必须具备的能力，麦可思参考美国SCANS标准，把基本工作能力分为35项。根据麦可思的工作能力分类，中国大学生可以从事的职业近600个，对应的能力近万条。

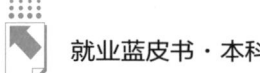

五大类基本工作能力：麦可思参考美国 SCANS 标准，将 35 项基本工作能力划归为五大类型，分别是理解与交流能力、科学思维能力、管理能力、应用分析能力和动手能力（见表 9-1）。

表 9-1 基本工作能力定义

序号	五大类能力	名称	描述
1	理解与交流能力	理解性阅读	理解工作文件的句子和段落
2	理解与交流能力	积极聆听	理解对方讲话的要点，适当地提出问题
3	理解与交流能力	有效的口头沟通	交谈中有效地传递信息
4	理解与交流能力	积极学习	理解信息中的启示，用于解决问题，帮助作出决定
5	理解与交流能力	学习方法	在训练和指导工作时选择方法与程序
6	理解与交流能力	理解他人	关注并理解他人的反应
7	理解与交流能力	服务他人	积极地寻找方法来帮助他人
8	科学思维能力	针对性写作	根据读者需求有效地传递信息
9	科学思维能力	数学解法	用数学方法来解决问题
10	科学思维能力	科学分析	用科学的原理和方法来解决问题
11	科学思维能力	逻辑思维	运用逻辑推理来判定解决问题的建议、结论和方法的优缺点
12	管理能力	绩效监督	监督和评估自己、他人或组织的绩效以采取改进行动
13	管理能力	协调安排	根据他人的需要调整工作安排
14	管理能力	说服他人	说服他人改变想法或者行为
15	管理能力	谈判技能	与他人沟通并且达成一致
16	管理能力	指导他人	指导他人怎样去做一件事
17	管理能力	解决复杂的问题	识别复杂问题并查阅信息以发现和评估解决方案
18	管理能力	判断和决策	考虑各方案的成本和收益，决定最合适的方案
19	管理能力	时间管理	管理自己和他人的时间
20	管理能力	财务管理	决定怎样花钱以完成工作，并为这些开支记账核算
21	管理能力	物资管理	如何按照工作的特定需要获得设备、厂房和材料，以及监督其合理使用
22	管理能力	人力资源管理	在工作中激发、指导人们的工作，寻找适合各项工作的人

2023年本科毕业生能力分析

续表

序号	五大类能力	名称	描述
23	应用分析能力	设计思维	分析需求和生产的可能性以开发出新产品
24	应用分析能力	技术设计	按要求设计和修改设备与技术
25	应用分析能力	设备选择	决定使用哪一种工具和设备来做一项工作
26	应用分析能力	质量控制分析	对产品、服务或工作程序进行测试和检查以评价其质量和绩效
27	应用分析能力	操作监控	监视仪表、控制器和其他指示器以保证机器正常运行
28	应用分析能力	操作和控制	控制设备和系统的运行
29	应用分析能力	设备维护	对设备进行日常维护并决定什么时候进行何种维护
30	应用分析能力	疑难排解	判断出操作错误的产生原因并决定纠错对策
31	应用分析能力	系统分析	判定变化对一个系统运行结果的影响
32	应用分析能力	系统评估	识别系统绩效的评估方法或指标，根据系统目标制订计划并通过行动来改进系统表现
33	动手能力	安装能力	按照特定要求来安装设备、机器、管线或程序
34	动手能力	电脑编程	为各种目的编写电脑程序
35	动手能力	维修机器和系统	使用必要的工具来修理机器和系统

基本工作能力的重要度：用于定义正在工作的大学毕业生所理解的35项基本工作能力在其岗位工作中的重要程度，分为"无法评估""不重要""有些重要""重要""非常重要""极其重要"六个层次，数据处理时把重要性处理为百分比，0代表"不重要"，25%代表"有些重要"，50%代表"重要"，75%代表"非常重要"，100%代表"极其重要"。

工作岗位要求的基本工作能力水平：用于定义正在工作的大学毕业生所理解的工作对35项基本工作能力的要求级别，从低到高分为一级到七级。一级代表该能力的最低水平，取值1/7；七级代表该能力的最高水平，取值1。为了帮助答题人自评级别，问卷在一到七级中分别举了三个例子，以帮助答题人理解能力差别。

毕业时掌握的基本工作能力水平：用于定义正在工作的大学毕业生所理

解的对 35 项基本工作能力在刚毕业时实际掌握的级别，从低到高分为一级到七级。一级代表该能力的最低水平，取值 1/7；七级代表该能力的最高水平，取值 1。为了帮助答题人自评级别，问卷在一级到七级中分别举了三个例子，以帮助答题人理解能力差别。

基本工作能力的满足度： 毕业时掌握的基本工作能力水平满足社会初始岗位的工作要求的百分比，100% 为完全满足。满足度计算公式的分子是毕业时掌握的基本工作能力水平，分母是工作要求的水平。

（二）基本工作能力重要度和满足度

本科毕业生在毕业时的基本工作能力水平的稳步提升，反映了高等教育在人才培养方面的效果和改进。从近五年的数据来看，全国本科毕业生毕业时的基本工作能力水平从 2019 届的 58% 增长到 2023 届的 61%。从不同院校类型来看，"双一流"院校、地方本科院校近五年分别上升了 3 个、4 个百分点，2023 届均达到 61%（见图 9-1、图 9-2）。这与高等教育机构对课程设置的调整、实践教学的加强以及与行业需求的对接有关。

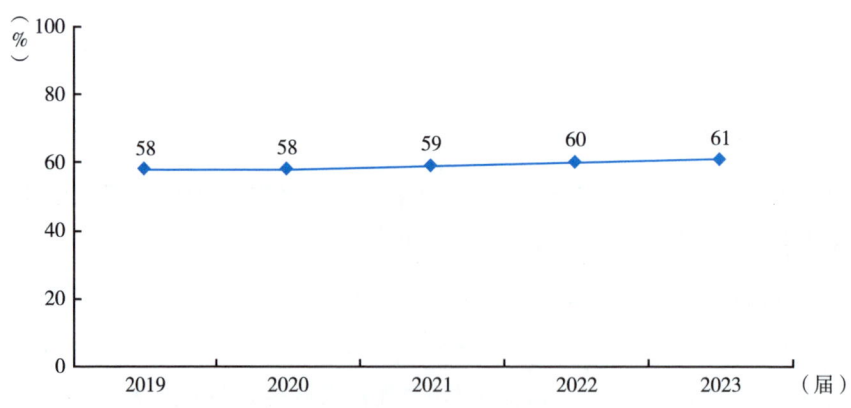

图 9-1 2019~2023 届本科毕业生毕业时的基本工作能力水平

资料来源：麦可思－中国 2019~2023 届大学毕业生培养质量跟踪评价。

2023年本科毕业生能力分析

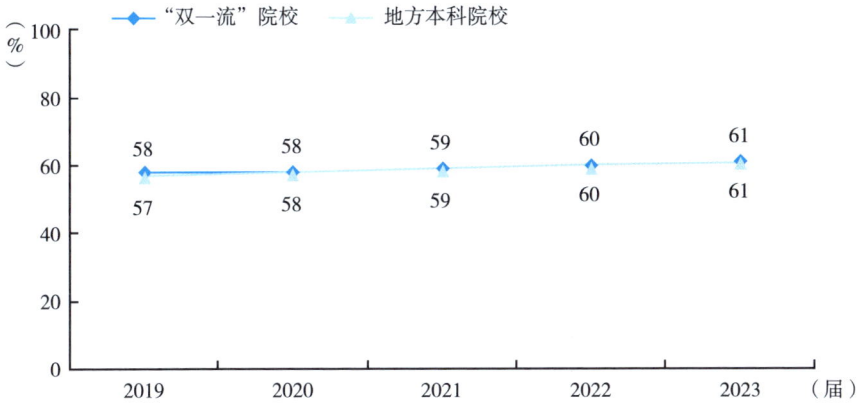

图 9-2　2019~2023 届各类本科院校毕业生毕业时的基本工作能力水平

资料来源：麦可思 – 中国 2019~2023 届大学毕业生培养质量跟踪评价。

应届本科毕业生的能力达成效果持续提升，表明高等教育在培养学生满足社会和职场需求方面取得了积极进展。从近五年的数据来看，本科毕业生的基本工作能力满足度有所提高，从 2019 届的 85% 增长至 2023 届的 89%（见图 9-3）。显示出毕业生在知识和技能方面有提升，更好地适应了就业市场的要求。

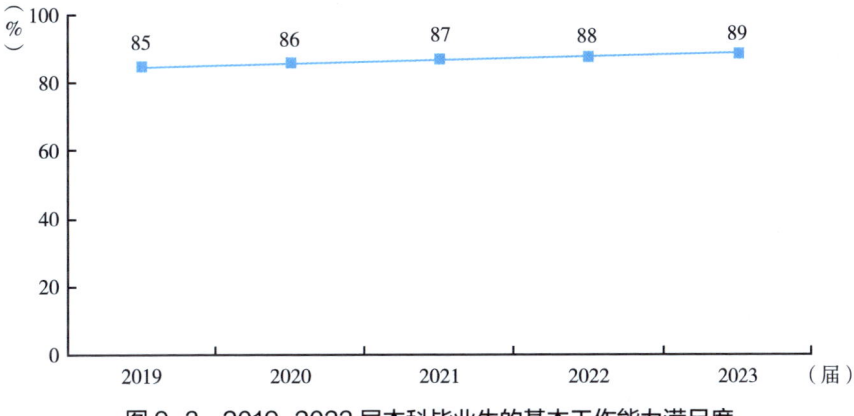

图 9-3　2019~2023 届本科毕业生的基本工作能力满足度

资料来源：麦可思 – 中国 2019~2023 届大学毕业生培养质量跟踪评价。

不同院校类型的毕业生在基本工作能力满足度方面都有所上升。"双一流"院校毕业生的能力满足度在2023届达到了87%，而地方本科院校毕业生的能力满足度略高，达到89%（见图9-4）。这表明各类院校都在努力提高教育质量、加强与行业的联系、改进教学方法和课程内容，以培养更符合市场需求的毕业生。

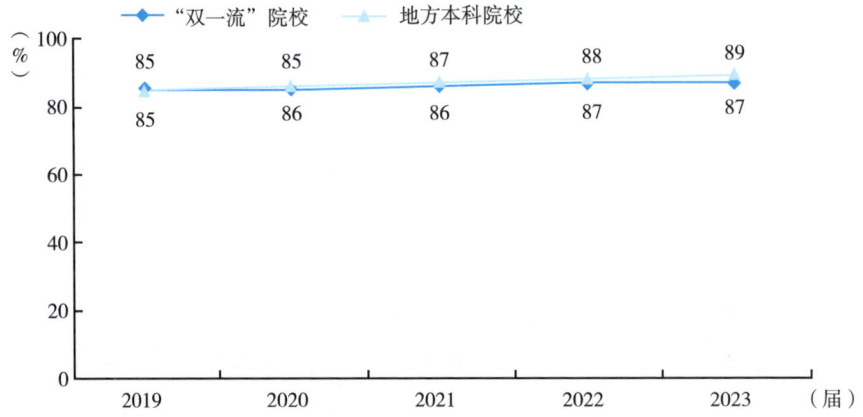

图9-4　2019~2023届各类本科院校毕业生的基本工作能力满足度

资料来源：麦可思-中国2019~2023届大学毕业生培养质量跟踪评价。

从毕业生各项基本工作能力评价来看，2023届本科毕业生认为管理能力中的谈判技能、判断和决策等能力，应用分析能力中的设计思维、疑难排解、系统评估等能力，以及动手能力中的电脑编程能力被认为较为重要。这些能力对于毕业生在职场中的工作表现和职业发展至关重要。特别是电脑编程能力，在数字化和信息化日益发展的今天，成为一项基本技能，但其满足度相对偏低，说明毕业生在这一方面的能力还有较大的提升空间（见图9-5）。

为了提高毕业生在这些领域的能力，高等教育机构应考虑持续调整课程设置，增加实践教学环节，如案例分析、项目实践、模拟演练等，以提高学生的实际操作能力和问题解决能力。同时，高校可进一步加强与企业的合作，通过增加实习和实训机会，让学生在真实的工作环境中学习和锻炼。

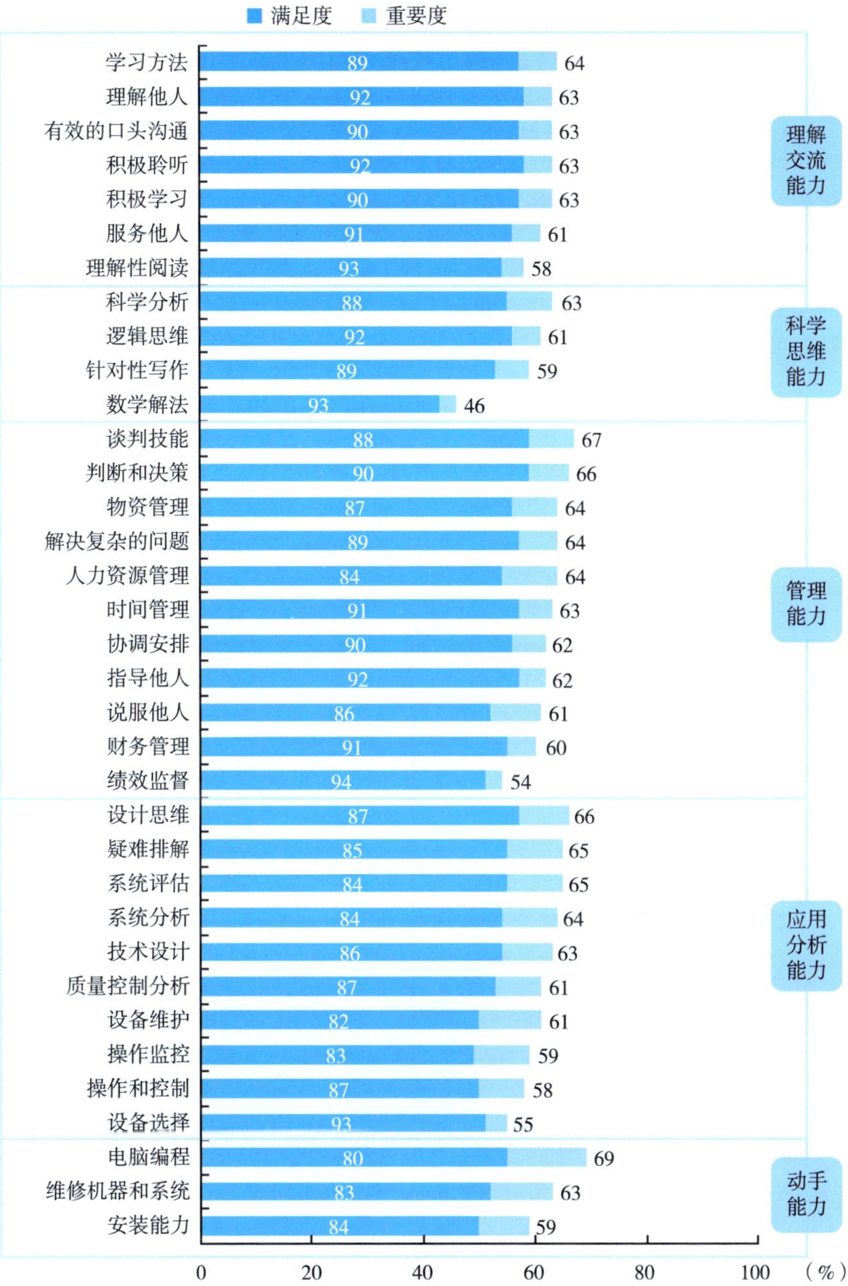

2023 年本科毕业生能力分析

图 9-5 2023 届本科毕业生的各项基本工作能力的重要度和满足度

资料来源：麦可思－中国 2023 届大学毕业生培养质量跟踪评价。

在当代工作场所中，对信息搜索与处理能力和终身学习能力的需求日益增长，这反映了快速变化的信息技术环境和知识更新速度对从业人员提出了新要求。从2018届毕业五年的本科毕业生评价来看，这两项能力在工作中的需求度较高，分别为68%和67%，这表明雇主对于员工能够有效地获取、分析和利用信息以及持续学习新知识和技能的期望很高。

然而，尽管终身学习能力的需求度高，但在实际工作中满足这一需求的比例相对较低，满足度为91%（见图9-6）。这意味着虽然毕业生认识到终身学习的重要性，但在实际工作中可能面临各种挑战，如时间管理、资源获取、学习动力等问题，以致他们难以持续地提升自己的知识和技能。为了提高终身学习的满足度，高等教育机构应加强学习方法和自我管理能力的培养，帮助学生形成自主学习的习惯和能力。

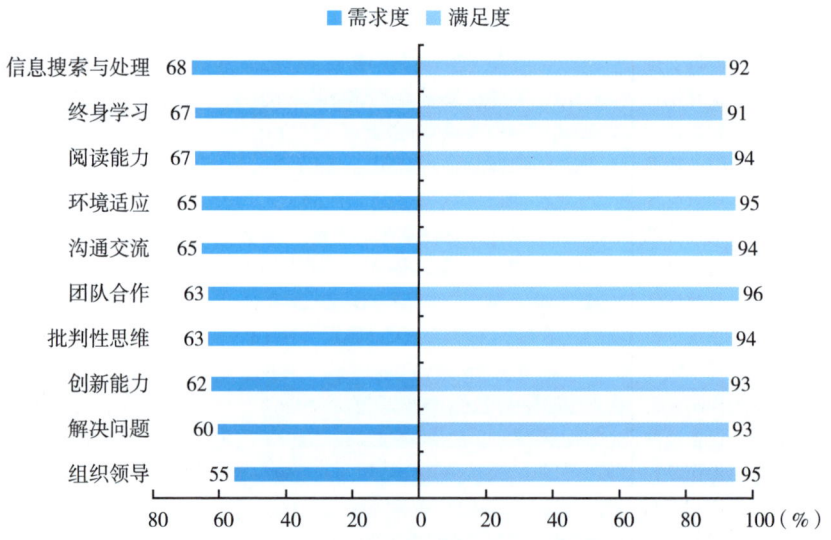

图9-6 2018届本科生毕业五年后各项通用能力的需求度和满足度

资料来源：麦可思-中国2018届大学毕业生五年后职业发展跟踪评价。

（三）主要职业、专业最重要的3项基本工作能力的满足度

不同职业类和专业类对基本工作能力的需求和达成效果存在差异（见

2023年本科毕业生能力分析

表9-2、表9-3），这要求高等教育机构根据服务所面向领域的实际需求调整和完善课程体系。以计算机类专业为例，这类专业毕业生主要进入互联网开发及应用、计算机与数据处理等职业领域，电脑编程、疑难排解能力在其工作中的重要程度较高，毕业生对这两项能力的满足也相比往年也有所上升；当然值得关注的是，伴随着相关就业领域的不断发展以及业务、岗位的优化调整，对从业者编程技能要求有了新的变化，从业者需要不断更新编程能力；相关专业在培养过程中也需及时调整和完善以适应职场发展的新要求。

表9-2 主要职业类最重要的3项基本工作能力的满足度

单位：%

职业类名称	最重要的3项基本工作能力	能力满足度
保险	谈判技能	90
	说服他人	89
	有效的口头沟通	93
表演艺术/影视	理解他人	95
	学习方法	93
	有效的口头沟通	95
财务/审计/税务/统计	积极聆听	90
	时间管理	91
	服务他人	89
餐饮/娱乐	协调安排	94
	理解他人	94
	时间管理	91
测绘	有效的口头沟通	93
	科学分析	93
	疑难排解	93

161

续表

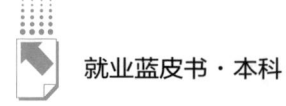

职业类名称	最重要的3项基本工作能力	能力满足度
电力/能源	系统分析	83
	有效的口头沟通	90
	设备维护	83
电气/电子（不包括计算机）	有效的口头沟通	91
	技术设计	84
	疑难排解	84
房地产经营	谈判技能	88
	说服他人	85
	理解他人	87
工业安全与质量	疑难排解	84
	积极聆听	90
	有效的口头沟通	86
公安/检察/法院/经济执法	有效的口头沟通	86
	判断和决策	88
	谈判技能	89
互联网开发及应用	电脑编程	81
	疑难排解	84
	学习方法	87
环境保护	解决复杂的问题	87
	有效的口头沟通	88
	科学分析	88
机动车机械/电子	有效的口头沟通	87
	疑难排解	85
	质量控制分析	84

2023年本科毕业生能力分析

续表

职业类名称	最重要的3项基本工作能力	能力满足度
机械/仪器仪表	疑难排解	85
	技术设计	84
	学习方法	87
计算机与数据处理	电脑编程	80
	疑难排解	85
	有效的口头沟通	89
建筑工程	有效的口头沟通	88
	疑难排解	87
	学习方法	89
交通运输/邮电	有效的口头沟通	92
	积极学习	93
	疑难排解	86
金融（银行/基金/证券/期货/理财）	谈判技能	86
	服务他人	87
	积极学习	89
经营管理	时间管理	88
	理解他人	92
	谈判技能	92
酒店/旅游/会展	积极聆听	94
	有效的口头沟通	94
	理解他人	94
矿山/石油	解决复杂的问题	88
	有效的口头沟通	90
	科学分析	88

续表

职业类名称	最重要的3项基本工作能力	能力满足度
律师/律政调查员	积极聆听	82
	针对性写作	80
	谈判技能	83
媒体/出版	有效的口头沟通	92
	理解性阅读	92
	时间管理	94
美术/设计/创意	设计思维	88
	技术设计	90
	有效的口头沟通	92
农/林/牧/渔类	有效的口头沟通	87
	科学分析	89
	积极学习	89
人力资源	时间管理	89
	有效的口头沟通	88
	人力资源管理	83
社区工作者	有效的口头沟通	89
	积极聆听	91
	理解他人	91
生产/运营	有效的口头沟通	87
	时间管理	88
	疑难排解	86
生物/化工	学习方法	89
	科学分析	89
	操作监控	82

续表

职业类名称	最重要的3项基本工作能力	能力满足度
文化/体育	积极聆听	95
	积极学习	92
	理解他人	94
物流/采购	协调安排	89
	谈判技能	84
	积极学习	87
销售	谈判技能	86
	理解他人	90
	有效的口头沟通	89
行政/后勤	积极聆听	90
	协调安排	90
	理解他人	92
研究人员	疑难排解	86
	学习方法	88
	科学分析	87
医疗保健/紧急救助	积极学习	91
	有效的口头沟通	91
	积极聆听	89
幼儿与学前教育	学习方法	89
	理解他人	91
	服务他人	91
职业培训/其他教育	学习方法	91
	有效的口头沟通	91
	指导他人	93

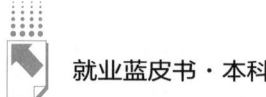

续表

职业类名称	最重要的3项基本工作能力	能力满足度
中等职业教育	学习方法	89
	指导他人	91
	理解他人	92
中小学教育	学习方法	89
	指导他人	91
	理解他人	92

注：个别职业类因为样本较少，没有包括在内。
资料来源：麦可思－中国2023届大学毕业生培养质量跟踪评价。

表9-3　主要专业类最重要的3项基本工作能力的满足度

单位：%

专业类名称	最重要的3项基本工作能力	能力满足度
经济学类	积极学习	89
	有效的口头沟通	90
	理解他人	91
财政学类	时间管理	90
	学习方法	85
	积极聆听	91
金融学类	谈判技能	86
	服务他人	90
	理解他人	92
经济与贸易类	谈判技能	88
	服务他人	91
	积极学习	91

2023年本科毕业生能力分析

续表

专业类名称	最重要的3项基本工作能力	能力满足度
法学类	谈判技能	83
	积极聆听	85
	针对性写作	83
社会学类	积极聆听	90
	有效的口头沟通	90
	积极学习	90
马克思主义理论类	指导他人	91
	学习方法	90
	理解他人	93
教育学类	学习方法	89
	指导他人	92
	理解他人	91
体育学类	学习方法	93
	指导他人	95
	积极聆听	94
中国语言文学类	学习方法	89
	理解他人	91
	指导他人	90
外国语言文学类	谈判技能	82
	学习方法	89
	理解他人	93
新闻传播学类	协调安排	87
	理解他人	92
	有效的口头沟通	90

167

续表

专业类名称	最重要的3项基本工作能力	能力满足度
历史学类	学习方法	87
	理解他人	90
	指导他人	88
数学类	科学分析	87
	理解他人	91
	积极学习	89
物理学类	科学分析	89
	疑难排解	83
	学习方法	87
化学类	疑难排解	83
	指导他人	91
	科学分析	85
地理科学类	积极聆听	91
	理解他人	92
	学习方法	88
生物科学类	指导他人	92
	理解他人	91
	科学分析	90
心理学类	理解他人	89
	学习方法	85
	有效的口头沟通	89
统计学类	理解他人	88
	积极聆听	90
	积极学习	90

2023 年本科毕业生能力分析

续表

专业类名称	最重要的 3 项基本工作能力	能力满足度
机械类	疑难排解	86
机械类	技术设计	85
机械类	有效的口头沟通	90
仪器类	疑难排解	84
仪器类	积极学习	88
仪器类	科学分析	89
材料类	有效的口头沟通	88
材料类	疑难排解	83
材料类	科学分析	87
能源动力类	有效的口头沟通	87
能源动力类	疑难排解	82
能源动力类	积极学习	84
电气类	有效的口头沟通	89
电气类	技术设计	86
电气类	疑难排解	84
电子信息类	电脑编程	77
电子信息类	疑难排解	83
电子信息类	技术设计	84
自动化类	电脑编程	80
自动化类	操作监控	83
自动化类	疑难排解	83
计算机类	电脑编程	81
计算机类	疑难排解	85
计算机类	科学分析	90

就业蓝皮书·本科

续表

专业类名称	最重要的3项基本工作能力	能力满足度
土木类	有效的口头沟通	88
	协调安排	87
	疑难排解	87
测绘类	有效的口头沟通	88
	疑难排解	90
	学习方法	88
化工与制药类	有效的口头沟通	89
	疑难排解	83
	质量控制分析	86
矿业类	有效的口头沟通	89
	积极学习	88
	疑难排解	83
轻工类	有效的口头沟通	89
	学习方法	85
	疑难排解	82
交通运输类	科学分析	92
	有效的口头沟通	89
	协调安排	90
环境科学与工程类	疑难排解	85
	有效的口头沟通	87
	学习方法	88
食品科学与工程类	疑难排解	89
	科学分析	88
	有效的口头沟通	87

2023 年本科毕业生能力分析

续表

专业类名称	最重要的 3 项基本工作能力	能力满足度
建筑类	理解他人	93
	有效的口头沟通	88
	协调安排	86
安全科学与工程类	疑难排解	87
	有效的口头沟通	89
	积极聆听	91
生物工程类	疑难排解	84
	质量控制分析	89
	学习方法	86
植物生产类	科学分析	91
	理解他人	90
	有效的口头沟通	88
林学类	有效的口头沟通	87
	学习方法	87
	理解他人	92
临床医学类	积极学习	87
	科学分析	80
	有效的口头沟通	84
药学类	疑难排解	85
	学习方法	89
	科学分析	87
医学技术类	有效的口头沟通	93
	理解他人	92
	针对性写作	94

续表

专业类名称	最重要的 3 项基本工作能力	能力满足度
护理学类	疑难排解	91
护理学类	积极学习	91
护理学类	理解他人	92
管理科学与工程类	电脑编程	84
管理科学与工程类	疑难排解	85
管理科学与工程类	有效的口头沟通	88
工商管理类	谈判技能	89
工商管理类	时间管理	92
工商管理类	积极聆听	92
公共管理类	谈判技能	89
公共管理类	时间管理	90
公共管理类	理解他人	90
物流管理与工程类	协调安排	87
物流管理与工程类	有效的口头沟通	89
物流管理与工程类	积极学习	90
电子商务类	时间管理	93
电子商务类	学习方法	91
电子商务类	谈判技能	89
旅游管理类	协调安排	93
旅游管理类	理解他人	92
旅游管理类	积极聆听	93
音乐与舞蹈学类	学习方法	91
音乐与舞蹈学类	理解他人	93
音乐与舞蹈学类	有效的口头沟通	92

2023年本科毕业生能力分析

续表

专业类名称	最重要的3项基本工作能力	能力满足度
戏剧与影视学类	理解他人	94
	有效的口头沟通	93
	积极聆听	95
美术学类	积极聆听	92
	学习方法	92
	理解他人	92
设计学类	设计思维	88
	理解他人	92
	有效的口头沟通	91

注：个别专业类因为样本较少，没有包括在内。
资料来源：麦可思－中国2023届大学毕业生培养质量跟踪评价。

二 在校素养提升

素养提升：由毕业生选择大学帮助自己在哪些方面素养得到明显提升。一个毕业生可选择多项，也可选择"没有任何帮助"。不同门类专业在素养培养上有各自的特点，故这里的素养选项有所不同。

立德树人作为高校人才培养的根本任务，其成效在学生素养的提升上得到了体现。2023届本科各学科门类毕业生普遍认为大学教育在帮助他们获得素养提升方面发挥了积极作用，比例均超过95%。这表明高等教育在培养学生的综合素质和核心价值观方面取得了显著成效。

特别是在"理想信念""遵纪守法""诚实守信"等方面，大学教育对毕业生的正面影响尤为突出。其中，"理想信念"的提升比例在各学科门类中最为显著，均达到80%或以上。

173

然而，在"国际视野"和"数字素养"方面的提升效果相对较弱，提升比例均在60%以下。这提示高等教育机构在培养学生的全球意识和数字技能方面还需进一步加强。随着全球化和数字化的深入发展，这两个方面的素养对于毕业生的未来发展尤为重要。

不同学科门类在素养培养上的特点差异也值得关注，具体见表9-4、表9-5、表9-6。例如，文科类专业可能更注重培养学生的人文素养，而理工科类专业可能更侧重于培养学生的科学精神。高等教育机构应根据各自学科的特点和要求，制订和实施有针对性的素养培养计划，以更好地满足社会和学生的需求。

表9-4　2023届本科主要学科门类毕业生在校期间的素养提升（一）

单位：%

经济学	提升比例	法学	提升比例	教育学	提升比例	文学	提升比例
理想信念	81	理想信念	84	理想信念	82	理想信念	81
遵纪守法	75	遵纪守法	80	教育情怀	77	遵纪守法	75
诚实守信	73	德法兼修	80	践行师德	76	诚实守信	74
身心健康	70	诚实守信	74	诚实守信	69	身心健康	70
社会责任	64	身心健康	71	身心健康	68	人文底蕴	67
学术诚信	63	社会责任	71	依法执教	68	社会责任	66
科学精神	63	学术诚信	68	社会责任	64	学术诚信	65
商业道德	58	人文底蕴	67	科学精神	61	文化弘扬	65
人文底蕴	58	科学精神	66	人文底蕴	59	科学精神	63
创新精神	57	创新精神	59	学术诚信	59	审美能力	61
数字素养	55	劳动意识	59	创新精神	59	创新精神	59
劳动意识	55	审美能力	57	审美能力	59	劳动意识	56
调查研究	53	数字素养	54	劳动意识	58	国际视野	56
国际视野	52	国际视野	54	数字素养	55	数字素养	54
审美能力	52	没有任何提升	3	国际视野	48	没有任何提升	3
没有任何提升	3			没有任何提升	3		

资料来源：麦可思－中国2023届大学毕业生培养质量跟踪评价。

2023 年本科毕业生能力分析

表 9-5 2023 届本科主要学科门类毕业生在校期间的素养提升（二）

单位：%

历史学	提升比例	理学	提升比例	工学	提升比例	农学	提升比例
理想信念	84	理想信念	83	理想信念	81	理想信念	83
人文底蕴	77	遵纪守法	75	遵纪守法	76	遵纪守法	77
遵纪守法	76	诚实守信	73	诚实守信	73	三农情怀	75
诚实守信	74	身心健康	71	身心健康	71	诚实守信	72
学术诚信	72	科学精神	70	科学精神	68	身心健康	72
文化弘扬	72	学术诚信	67	学术诚信	64	科学精神	70
身心健康	69	社会责任	63	社会责任	63	学术诚信	68
社会责任	68	人文底蕴	59	人文底蕴	58	社会责任	66
科学精神	68	数字素养	58	创新精神	58	环境意识	63
审美能力	62	创新精神	57	劳动意识	57	劳动意识	62
创新精神	60	劳动意识	55	数字素养	56	人文底蕴	61
劳动意识	59	环境意识	53	工匠精神	54	创新精神	61
国际视野	57	审美能力	53	工程与社会	53	审美能力	57
数字素养	55	工匠精神	51	环境意识	53	数字素养	55
没有任何提升	3	国际视野	47	审美能力	52	国际视野	50
		工程与社会	45	国际视野	47	没有任何提升	3
		没有任何提升	3	没有任何提升	3		

资料来源：麦可思－中国 2023 届大学毕业生培养质量跟踪评价。

表 9-6 2023 届本科主要学科门类毕业生在校期间的素养提升（三）

单位：%

医学	提升比例	管理学	提升比例	艺术学	提升比例
理想信念	83	理想信念	81	理想信念	80
医德医风	79	遵纪守法	76	遵纪守法	76
遵纪守法	77	诚实守信	73	艺术修养	75
诚实守信	73	身心健康	71	诚实守信	74

175

续表

医学	提升比例	管理学	提升比例	艺术学	提升比例
身心健康	71	社会责任	64	审美能力	73
健康卫生	66	学术诚信	63	身心健康	72
科学精神	66	科学精神	62	社会责任	66
社会责任	65	人文底蕴	59	人文底蕴	65
学术诚信	64	创新精神	56	创新精神	65
人文底蕴	60	商业道德	56	学术诚信	65
创新精神	58	劳动意识	56	科学精神	64
劳动意识	57	数字素养	54	劳动意识	62
数字素养	53	审美能力	52	数字素养	58
审美能力	51	调查研究	52	国际视野	53
国际视野	47	国际视野	46	没有任何提升	4
没有任何提升	3	没有任何提升	3		

资料来源：麦可思－中国2023届大学毕业生培养质量跟踪评价。

B.10
2023年本科毕业生对学校的满意度分析

摘　要： 2023届本科毕业生对母校的满意度维持在高位，达到95%，反映出高校在教育服务和质量上的成效。教学满意度从2019届的91%上升至93%，特别是"双一流"院校和地方本科院校均达到93%，显示出教育质量的提升。然而，37%的毕业生认为课程内容需更实用和更新，反映了课程与产业需求同步的重要性。核心课程满足度从2019届的79%上升至88%，地方本科院校的课程设置更贴近地方经济和就业市场需求。师生交流在地方本科院校更为频繁，艺术学和教育学学生与教师交流最为积极。就业指导服务满意度上升至89%，求职技能辅导服务有效性（93%）高。毕业生获取首份工作主要通过专业网站和校园招聘。校园设施满足度持续提升，支撑学生成长成才。

关键词： 毕业生满意度　课程实用性　就业指导　校园环境支撑　本科生

一　对母校的总体满意度

毕业生对母校的满意度[①]稳中有升，反映了本科生对高校教育教学与服务水平的整体认可。从近四年的数据来看，毕业生对母校的满意度持续保持

---

① **对母校的总体满意度：** 由毕业生回答对母校的总体满意度，选项有"很满意""满意""不满意""很不满意""无法评估"共五项。其中，"满意""很满意"属于满意的范围，"不满意""很不满意"属于不满意的范围。对母校的总体满意度是回答满意范围的人数百分比，计算公式的分子是回答满意范围的人数，分母是回答不满意范围和满意范围的总人数。

在95%。从不同院校类型来看,"双一流"院校2023届毕业生对母校的满意度(96%)略高。(见图10-1、图10-2)这表明高校在提供教育服务、满足学生需求和提升教育质量方面取得了积极成效。

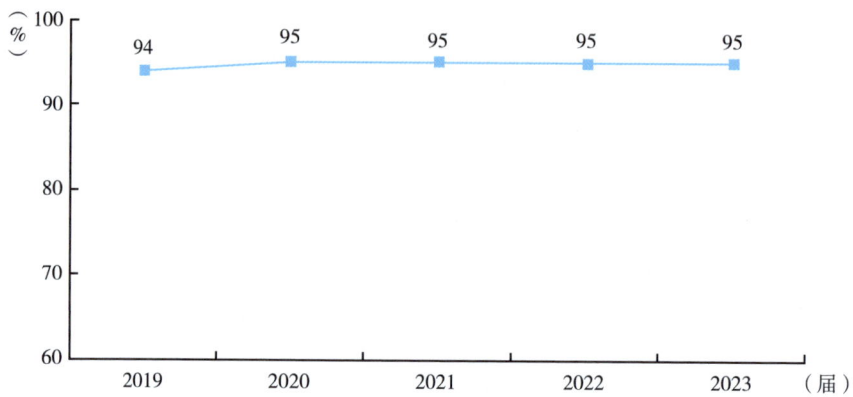

图10-1　2019~2023届本科毕业生对母校的总体满意度变化趋势

资料来源：麦可思–中国2019~2023届大学毕业生培养质量跟踪评价。

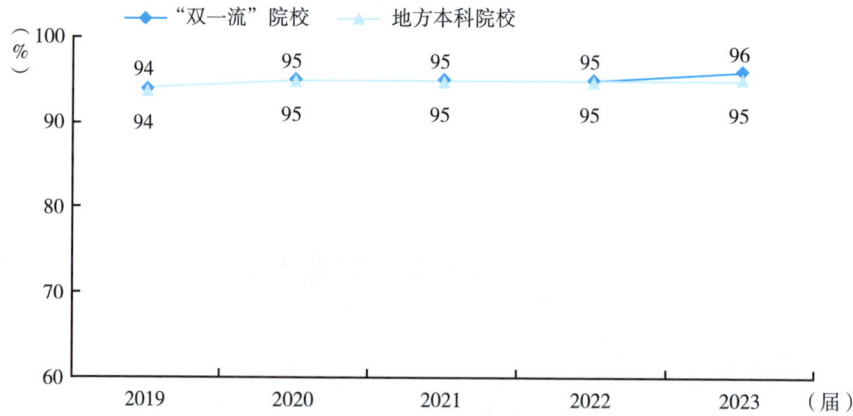

图10-2　2019~2023届各类型本科院校毕业生对母校的总体满意度变化趋势

资料来源：麦可思–中国2019~2023届大学毕业生培养质量跟踪评价。

2023 年本科毕业生对学校的满意度分析

二 学生服务满意度

（一）教学满意度

毕业生对母校教学满意度①持续上升，表明了高等教育机构在本科教学方面的不断努力和优化。从近五年的数据来看，毕业生对母校教学的满意度从 2019 届的 91% 上升到 2023 届的 93%。从不同院校类型来看，"双一流"院校、地方本科院校的教学满意度均呈现上升趋势，在 2023 届均达到 93%。（见图 10-3、图 10-4）这一趋势反映了高校在教学内容、教学方法、教学资源和教学环境等方面的持续改进，更大程度地满足了学生的学术需求和职业发展。

此外，高校还应关注教学质量的持续监控和评估，建立有效的教学质量保障体系，确保教学活动的质量和效果。通过这些措施，高校可以为学生提供更高质量的教育，培养出更多具备扎实专业知识和技能的毕业生，满足社会对人才的需求。

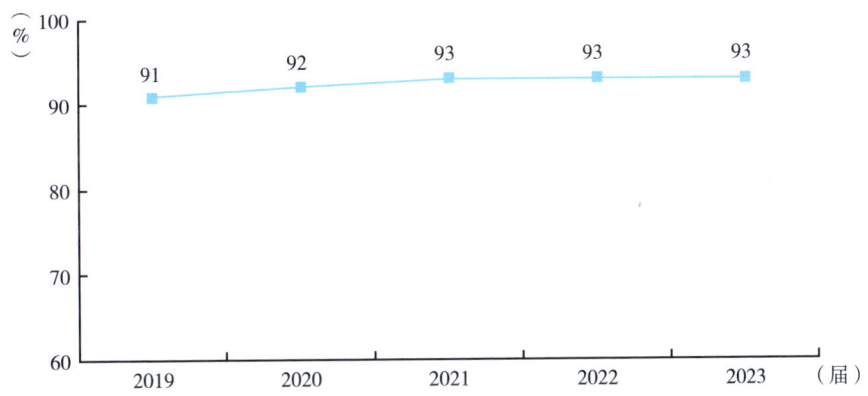

图 10-3　2019~2023 届本科毕业生对母校的教学满意度变化趋势

资料来源：麦可思－中国 2019~2023 届大学毕业生培养质量跟踪评价。

---

① **教学满意度**：由毕业生回答对母校的教学满意度，选项有"很满意""满意""不满意""很不满意""无法评估"共五项。其中，"满意""很满意"属于满意的范围，"不满意""很不满意"属于不满意的范围。教学满意度是回答满意范围的人数百分比，计算公式的分子是回答满意范围的人数，分母是回答不满意范围和满意范围的总人数。

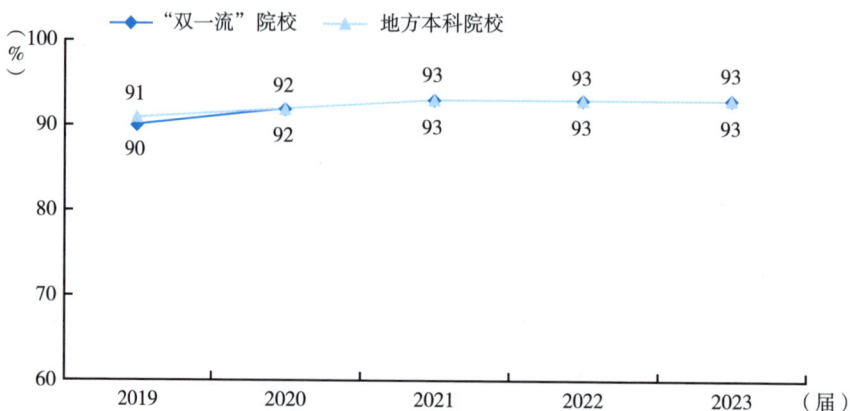

图 10-4 2019~2023 届各类本科院校毕业生对母校的教学满意度变化趋势

资料来源：麦可思－中国 2019~2023 届大学毕业生培养质量跟踪评价。

2023 届毕业生认为学校的实践教学和教学方法有所提升，但在课程内容方面仍需进一步加强。具体来看，毕业生认为"课程内容不实用或陈旧"的比例逐年上升，2023 届达到 37%（见图 10-5）。这提示课程内容的实用性和

图 10-5 2021~2023 届本科毕业生认为母校的教学需要改进的地方

资料来源：麦可思－中国 2021~2023 届大学毕业生培养质量跟踪评价。

时效性仍然是需要关注和改进的方面。面对产业优化升级的不断深入，高校需注重课程内容的及时更新，以确保教育与行业需求、社会发展同步。这要求高校与行业紧密合作，了解最新的行业动态和技术趋势，并将这些信息及时融入课程和教学中。同时，课程设计应更加注重培养学生的创新能力和解决实际问题的能力，以适应外部发展变化的趋势。

（二）核心课程评价

本科课程设置与实际工作岗位需求之间的匹配程度相对稳定。在过去五年中，本科毕业生对核心课程的重要度[①]评价基本保持在85%、86%，这反映出大多数毕业生认为其在校期间所学的课程对于工作有帮助；从不同院校类型比较来看，地方本科院校的核心课程重要度评价持续高于"双一流"院校（见图10-6、图10-7）。这可能意味着地方本科院校在课程设置和教育质量方面更加贴近地方经济和就业市场的实际需求。"双一流"院校可能更注重理论研究和学术创新，在一定程度上课程设置与实际工作需求之间的匹配程度略低。

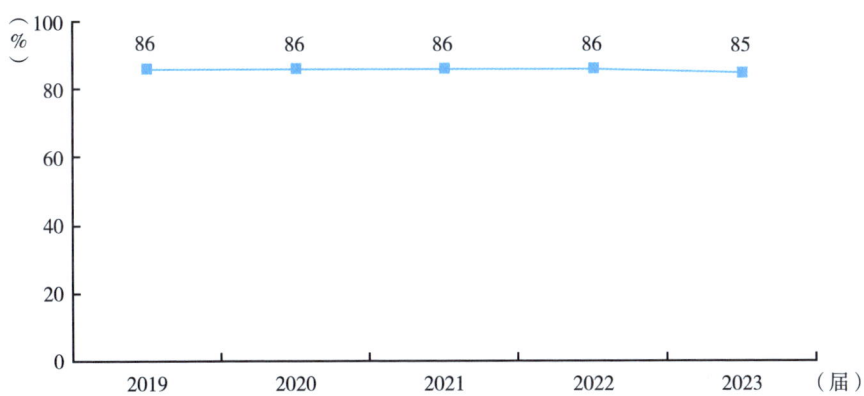

图10-6 2019~2023届本科院校、工作与专业相关毕业生的核心课程重要度变化趋势

资料来源：麦可思－中国2019~2023届大学毕业生培养质量跟踪评价。

---

① **课程的重要度**：由从事专业相关工作的毕业生判定课程在自己的工作中是否重要。毕业生对课程之于工作的重要度评价分为"无法评估""不重要""有些重要""重要""非常重要""极其重要"，其中"有些重要""重要""非常重要""极其重要"属于重要的范围。

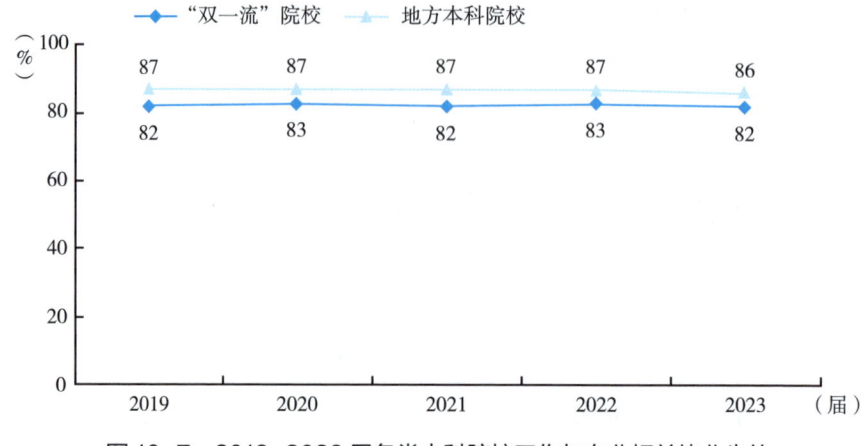

图 10-7　2019~2023 届各类本科院校工作与专业相关毕业生的
核心课程重要度变化趋势

资料来源：麦可思－中国 2019~2023 届大学毕业生培养质量跟踪评价。

核心课程培养效果逐年提升。从近五年的数据来看，本科工作与专业相关毕业生对核心课程的满足度①评价稳步提升，从 2019 届的 79% 上升至 2023 届的 88%，五年内上升了 9 个百分点。从不同院校类型来看，"双一流"院校、地方本科院校课程培养效果均呈上升趋势，核心课程满足度五年内分别上升了 6 个、9 个百分点。(见图 10-8、图 10-9) 这表明毕业生对于所学的核心课程内容和培养效果感到满意。

从不同学科门类来看，历史学核心课程的重要度和满足度（分别为 96%、97%）均较高；工学核心课程的重要度和满足度（分别为 80%、84%）排名靠后，这意味着工学专业的学生认为他们所学的核心课程与实际工作需求之间存在一定的差距。工学作为一个应用性很强的学科门类，需要紧密结合行业发展和技术进步来调整课程设置，加强实践教学、校企合作，提高学生的实际操作能力和工程实践能力。经济学的核心课程重要度（81%）偏低，需结

---

① **课程的满足度**：回答了课程"有些重要"到"极其重要"的毕业生会被要求回答课程训练是否满足工作要求，满足度指标是回答某课程能满足工作要求者的百分比。计算公式的分子是回答"满足"的人数，分母是回答"满足"和"不满足"的总人数。

2023年本科毕业生对学校的满意度分析

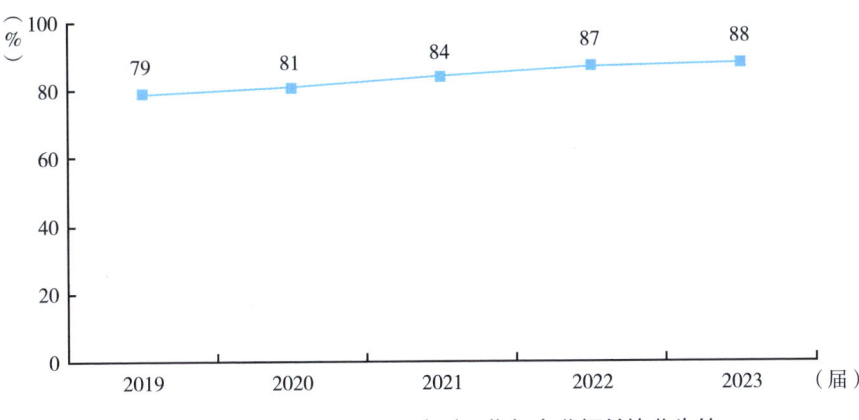

图 10-8　2019~2023 届本科工作与专业相关毕业生的
核心课程满足度变化趋势

资料来源：麦可思 - 中国 2019~2023 届大学毕业生培养质量跟踪评价。

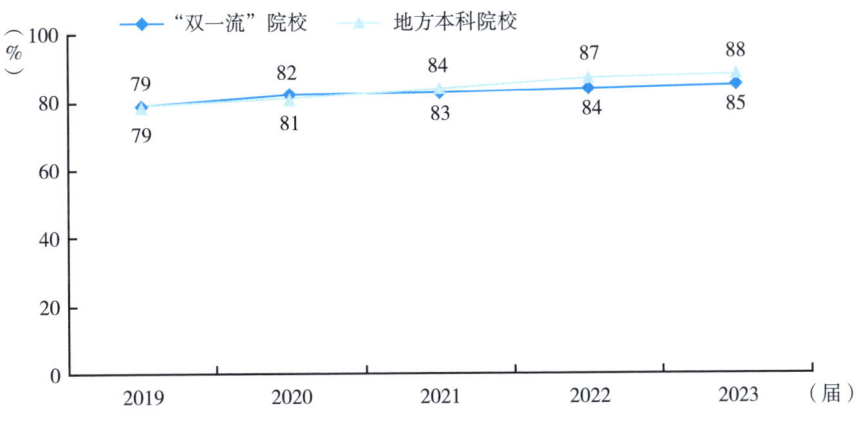

图 10-9　2019~2023 届各类本科院校工作与专业相关毕业生的
核心课程满足度变化趋势

资料来源：麦可思 - 中国 2019~2023 届大学毕业生培养质量跟踪评价。

合毕业生服务面向的主要行业领域，了解相关岗位对毕业生能力的需求情况，并相应调整和完善课程设置（见图 10-10）。

183

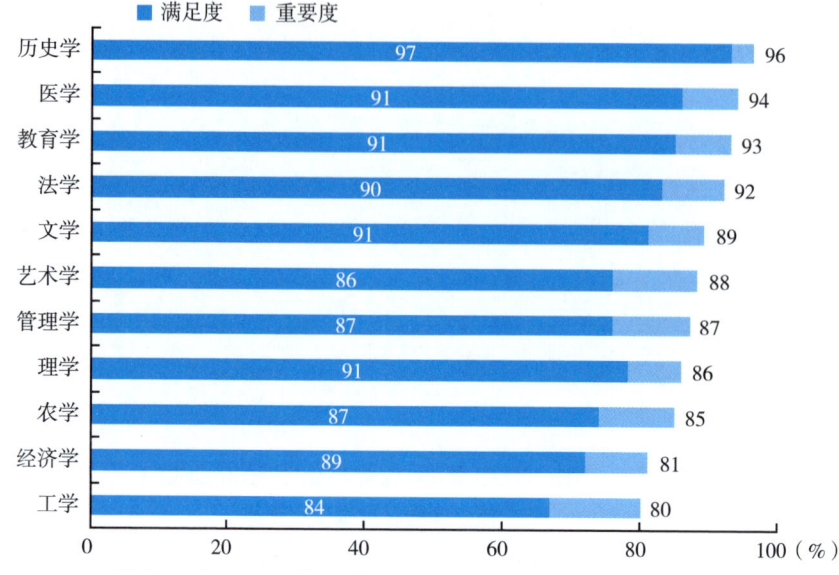

图 10-10　2023 届本科各学科门类工作与专业相关毕业生的
核心课程重要度和满足度评价

注：个别学科门类因为样本较少，没有包括在内。
资料来源：麦可思－中国 2023 届大学毕业生培养质量跟踪评价。

（三）师生交流频度

地方本科院校毕业生与任课教师课下交流更为频繁。具体来看，2023 届有 59% 的毕业生与任课教师"每周至少一次"或"每月至少一次"课下交流，其中地方本科院校毕业生与任课教师"每周至少一次"或"每月至少一次"课下交流程度（61%）高于"双一流"院校这一比例（43%）（见图 10-11）。一流本科专业建设"双万计划"中强调坚持学生中心，在落实学生学习指导工作上，任课教师负主体责任。相关院校可建立健全相应工作机制，进一步提升师生之间的有效互动与交流。

不同学科门类学生与任课教师进行课下交流的频率存在显著差异。与任课教师"每周至少一次"或"每月至少一次"课下交流比例较高的是艺术学（76%）、教育学（67%），较低的是医学（46%）（见图 10-12）。这些差异可能与各个学科的特点、教学模式、学生需求以及教育资源的配置等多方面因素有关。

2023年本科毕业生对学校的满意度分析

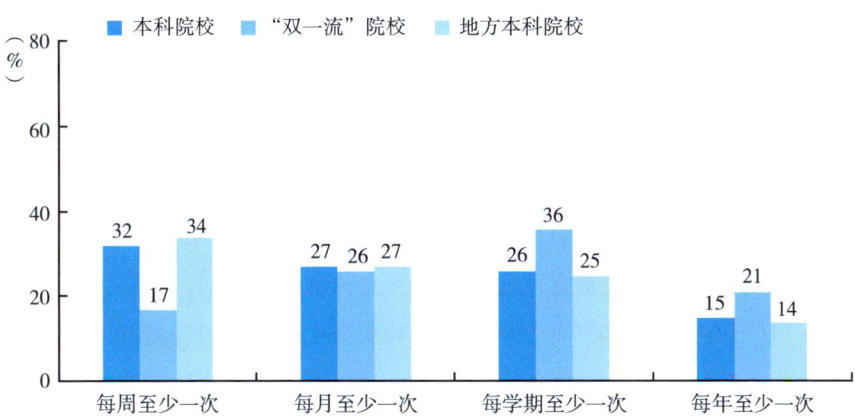

图10-11 2023届本科毕业生与任课教师课下交流程度

资料来源：麦可思-中国2023届大学毕业生培养质量跟踪评价。

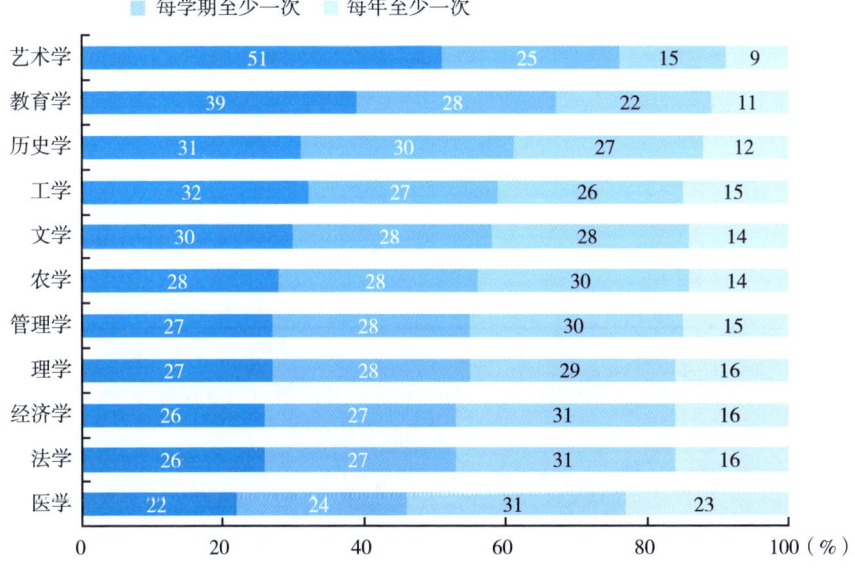

图10-12 2023届本科各学科门类毕业生与任课教师课下交流程度

注：个别学科门类因为样本较少，没有包括在内。
资料来源：麦可思-中国2023届大学毕业生培养质量跟踪评价。

185

（四）求职服务满意度

高校就业指导服务的持续改进和成效提升对于毕业生顺利进入职场具有重要意义。数据显示，本科毕业生对学校就业指导服务的满意度[①]在近五年内呈现稳定上升的趋势，从2019届的83%逐年上升至2023届的89%，这表明高校在就业指导方面的努力已经得到学生的认可与肯定（见图10-13）。

不同院校类型在就业指导服务方面的表现也有所不同，但整体趋势是积极的。"双一流"院校的毕业生对就业指导服务工作的认可程度相对较高，这可能与这些院校较为丰富的资源、成熟的服务体系和专业的就业指导团队有关。同时，地方本科院校的就业指导服务满意度也在稳步提升，与"双一流"院校的差距逐渐缩小，这显示出地方本科院校在提升就业指导服务质量方面也做出了显著的努力（见图10-14）。

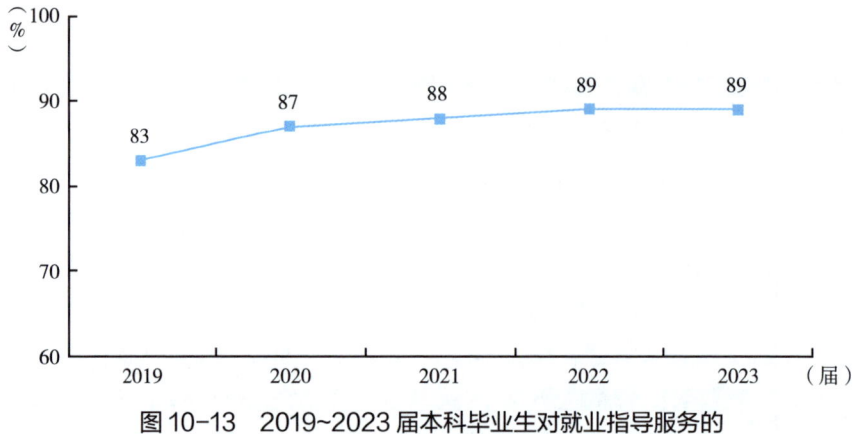

图10-13　2019~2023届本科毕业生对就业指导服务的
满意度变化趋势

资料来源：麦可思-中国2019~2023届大学毕业生培养质量跟踪评价。

---

① **就业指导服务满意度**：由毕业生回答对母校就业指导服务的满意度，选项有"很满意""满意""不满意""很不满意""无法评估"共五项。其中，"满意""很满意"属于满意的范围，"不满意""很不满意"属于不满意的范围。就业指导服务满意度是回答满意范围的人数百分比，计算公式的分子是回答满意范围的人数，分母是回答不满意范围和满意范围的总人数。

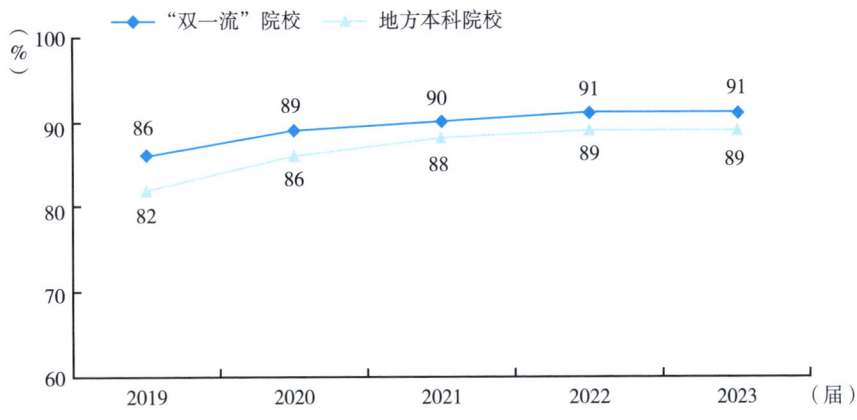

图10-14　2019~2023届各类本科院校毕业生对就业指导服务的满意度变化趋势

资料来源：麦可思-中国2019~2023届大学毕业生培养质量跟踪评价。

从学校开展的具体求职服务来看，近九成（87%）毕业生接受过母校提供的求职服务。其中，参与最多的是"大学组织的线下招聘会"（60%），较2022届（51%）上升了9个百分点；其次是"大学组织的线上招聘会"（40%），较2022届（43%）下降了3个百分点（见图10-15）。这表明高校在促进学生就业方面发挥了积极作用，通过提供多样化的求职服务帮助学生更好地应对职场挑战。

从求职服务效果来看，毕业生对"辅导求职技能"的有效性评价（93%）最高，对"大学组织的线下招聘会"的有效性评价（85%）相对较低（见图10-15）。这说明高校提供的求职技能辅导服务得到了学生的高度认可。这些服务可能包括简历撰写、面试技巧、职业规划等，对于提高学生的求职竞争力具有重要作用。相比之下，"大学组织的线下招聘会"的有效性评价相对较低，这可能意味着线下招聘会需要更多的改进和创新，以提高其吸引力和实用性。

毕业生获取第一份工作的渠道是了解就业市场动态和高校就业指导服务效果的重要指标。有半数的本科毕业生通过专业求职网站和校园招聘活动获得了第一份工作（分别占29%、21%），这表明这两种渠道在毕业生就业过程中发挥了关键作用（见图10-16）。

就业蓝皮书·本科

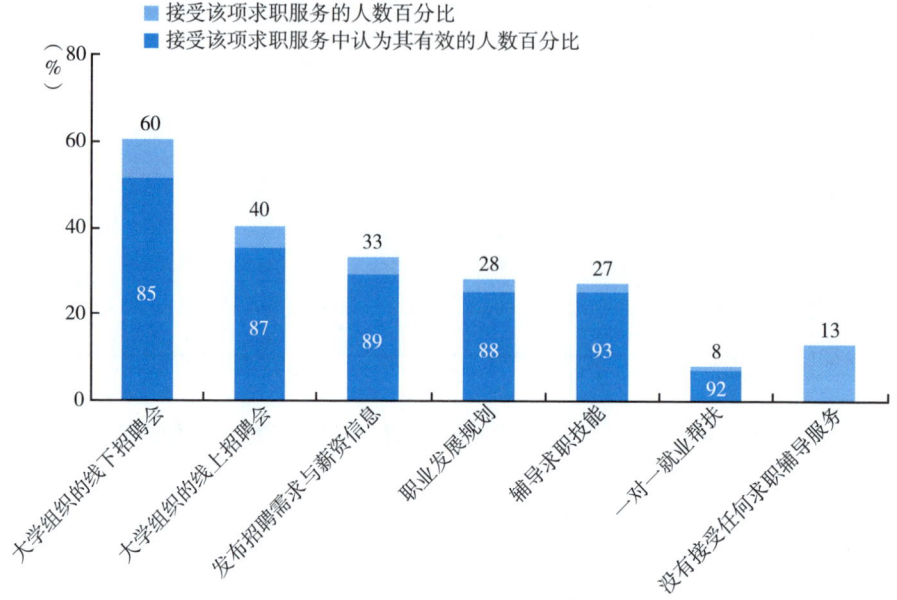

图 10-15 2023 届本科毕业生参与过求职服务的比例及有效性评价

资料来源：麦可思－中国 2023 届大学毕业生培养质量跟踪评价。

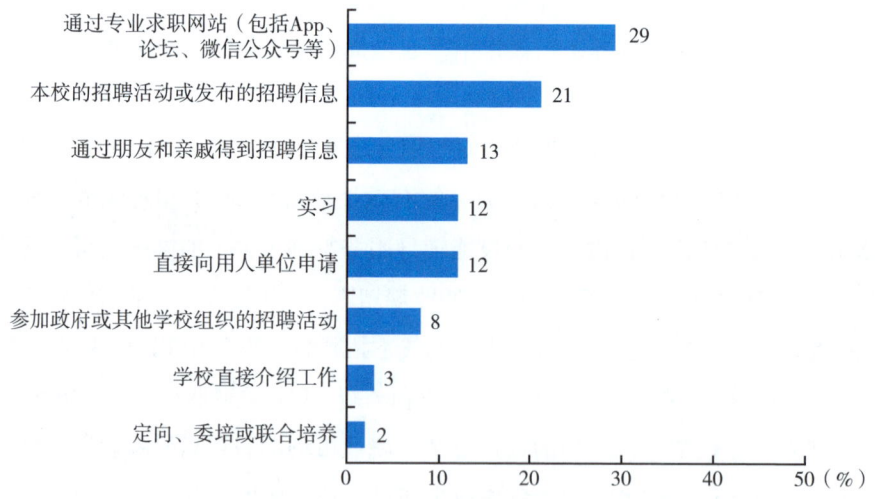

图 10-16 2023 届本科毕业生获得第一份工作的渠道分布

资料来源：麦可思－中国 2023 届大学毕业生培养质量跟踪评价。

（五）学生工作满意度

毕业生对母校学生工作的满意度[①]持续上升，反映高校在育人工作方面的努力取得了积极成效。从近五年的数据来看，毕业生对母校学生工作的满意度由2019届的88%上升到了2023届的92%。从不同院校类型来看，"双一流"院校、地方本科院校毕业生对母校学生工作的满意度均呈现上升趋势，在2023届分别达到91%、92%（见图10-17、图10-18）。这表明学生工作在满足学生需求、提升学生体验和促进学生全面发展方面取得了显著进步。

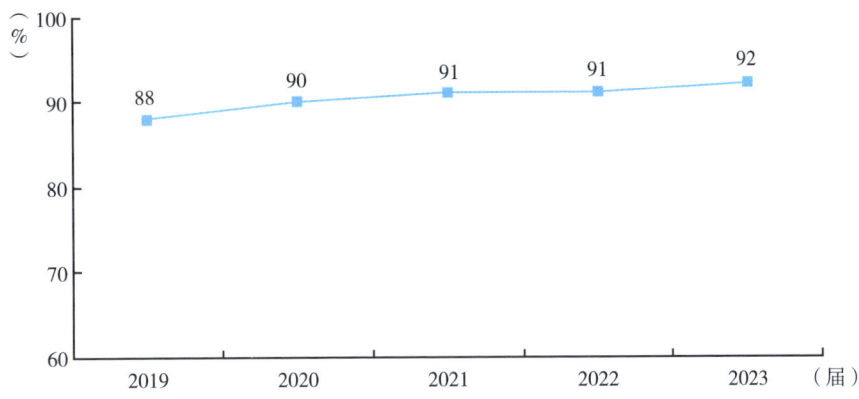

图10-17　2019~2023届本科毕业生对母校的学生工作满意度变化趋势

资料来源：麦可思－中国2019~2023届大学毕业生培养质量跟踪评价。

[①] **学生工作满意度**：由毕业生回答对母校的学生工作满意度，选项有"很满意""满意""不满意""很不满意""无法评估"共五项。其中，"满意""很满意"属于满意的范围，"不满意""很不满意"属于不满意的范围。学生工作满意度是回答满意范围的人数百分比，计算公式的分子是回答满意范围的人数，分母是回答不满意范围和满意范围的总人数。

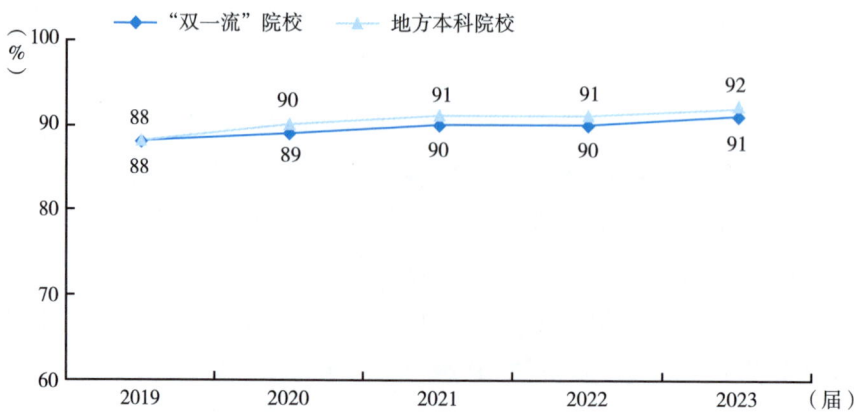

图 10-18　2019~2023 届各类本科院校毕业生对母校的学生工作满意度变化趋势

资料来源：麦可思－中国 2019~2023 届大学毕业生培养质量跟踪评价。

（六）校园环境支撑

校园内的学习和生活设施是支持学生成长成才的关键要素，对学生的学术成长和个人兴趣培养起着至关重要的作用。从近三年的数据来看，教室及教学设备对学生学习需求的满足度持续较高，2021~2023 届本科毕业生对其满足度评价均达到 91%；实验教学条件持续改善，毕业生对实验室及相关设备的满足度评价从 2021 届的 84% 上升至 2023 届的 86%；另外，毕业生对艺术场馆的满足度评价也逐年上升，从 2021 届的 73% 上升至 2023 届的 75%，后续仍有进一步提升的空间（见图 10-19）。

2023年本科毕业生对学校的满意度分析

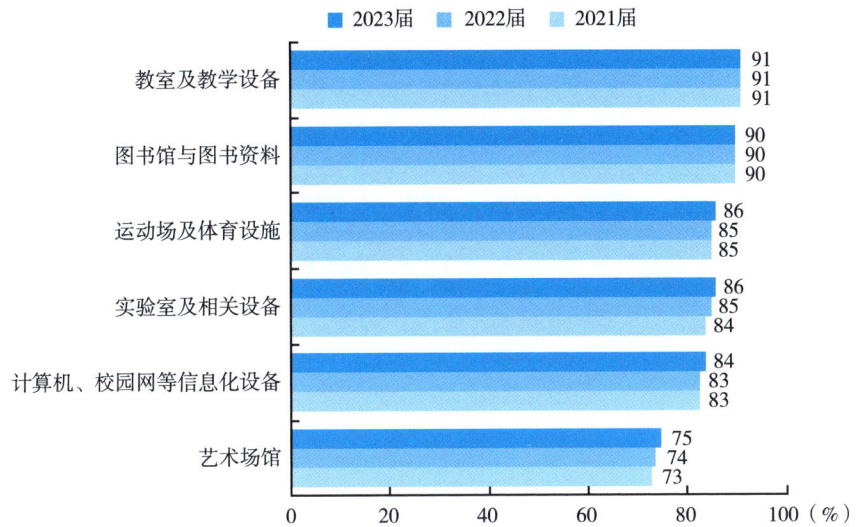

图 10-19　2021~2023 届本科毕业生认为各项校园设施对自身学习需求的满足度

资料来源：麦可思-中国 2021~2023 届大学毕业生培养质量跟踪评价。

专题报告

B.11 2023年本科人工智能人才供给与培养分析

摘　要： 随着中国数字化和智能化转型的加速，人工智能（AI）专业人才需求激增，但目前人才缺口高达500万。尽管AI核心产业规模迅速增长至5000亿元，企业数量超过4300家，但专业人才培养与行业需求之间存在显著错位。至2023年，虽有500余所高校开设AI相关专业，但高层次人才的存量与需求之间存在差距，远不能满足市场需求。计算机科学与技术、软件工程等传统专业毕业生仍是AI岗位的主要来源。高校在AI人才培养上面临诸多挑战，包括专业课程与行业应用脱节、实践教学不足、产学研融合不充分等问题。为此，高校需加强产教融合，更新课程内容，增强实践教学，并提升学生的创新和学术研究能力。同时，高等教育机构应实施分类分层培养策略，以满足AI领域对人才的多样化需求。

关键词： 人工智能　供需矛盾　产教融合　分类分层培养　本科生

随着我国经济的数字化和智能化转型，人工智能正迅速成为新一轮科技革命和产业变革的核心动力。人工智能技术的广泛应用不仅催生了众多新业态，也加速了传统产业的技术升级。在全球科技竞争日益激烈的今天，国家将人工智能技术的发展视为赢得未来的关键战略。

2023年统计数据显示，我国人工智能核心产业规模已达5000亿元，企业数量超过4300家[①]，呈现强劲的发展势头。然而，与此形成鲜明对比的是，人工智能专业人才的供需矛盾日益凸显。有报告[②]指出，我国人工智能人才缺口超过500万，供求比例高达1∶10。

为应对这一挑战，近年来，增设人工智能相关本科专业的高校日益增多，以期培养出更多高质量的人工智能专业人才。然而，当前的人工智能人才培养模式是否能够紧跟产业需求，是否能适应技术发展的新趋势，仍是一个亟待解决的问题。

本专题报告将分析人工智能人才的供需现状，探讨人工智能专业人才培养的服务贡献，并识别培养过程中的主要问题。旨在为人工智能人才培养的持续改进提供参考和建议。

一 人工智能高层次人才紧缺

（一）人工智能专业布点持续增多

人工智能本科专业开设日益增多。教育部2019年3月公布的2018年度普通高等学校本科专业备案和审批结果中，人工智能专业被正式纳入本科专业名单，全国共有35所高校获得首批建设资格。在随后的五年内，开设人工智能专业的高校不断增加，至2023年已有共计超过500所高校开设了该专业。

跨学科"智能+"专业新设增多，促进技术与行业深度融合。此外，其

---

① 《我国人工智能蓬勃发展 核心产业规模达5000亿元》，新华社，2023-07-06。
② 任社宣:《人工智能工程技术人员就业景气现状分析报告》，《中国人力资源社会保障》2022年第2期。

他与人工智能紧密相关的专业新增数量也较多，其中包含了大量"智慧/智能+特定应用领域"的新专业，如面向先进制造业的智能制造工程、面向建筑业的智能建造、面向"新医科"的智能医学工程以及面向"新农科"的智慧农业（见表11-1）。这些跨领域的新专业能够助力人工智能技术与各行各业的交叉融合，从而为其智能化改造升级提供支撑。

表11-1 新增较多的前10个人工智能相关本科专业

单位：个

专业名称	"双一流"院校	地方本科院校	总计
智能制造工程	27	261	288
数据科学与大数据技术	22	261	283
大数据管理与应用	45	177	222
机器人工程	26	150	176
智能建造	21	125	146
智能医学工程	14	54	68
智能科学与技术	7	57	64
智慧农业	10	42	52
智能车辆工程	8	33	41
智能感知工程	13	25	38

资料来源：2019~2023年度普通高等学校本科专业备案和审批结果。

（二）人工智能高层次人才供不应求

计算机、电子信息类传统专业贡献人工智能岗位最多。我国高校人工智能专业人才规模化、体系化培养起步相对较晚，相关专业毕业生规模仍普遍较小。当前服务于人工智能相关领域的毕业生主要来自传统信息类专业，如计算机科学与技术、软件工程、电子信息工程等。以"人工智能工程技术人

2023年本科人工智能人才供给与培养分析

员"职业为例，2021~2023届从事该职业的本科毕业生中，超过四成（41.1%）来自计算机类专业，超过一成（12.1%）来自电子信息类专业（见表11-2）。

表11-2 从事"人工智能工程技术人员"职业的本科毕业生专业背景构成

单位：%

主要专业类及下属专业	所占比例（2021~2023届）
计算机类	41.1
其中：计算机科学与技术	16.0
软件工程	8.1
智能科学与技术	6.7
电子信息类	12.1
其中：电子信息工程	4.9
通信工程	3.7
自动化类	8.8
其中：自动化	5.6
机器人工程	3.0

资料来源：麦可思－中国2021~2023届大学毕业生培养质量跟踪评价。

人工智能领域中高端技术岗位供需失衡严重，高层次人才存量不足。 人工智能属于高度知识密集型产业，对人才综合胜任力、创新能力要求更高，岗位更多需要从业者具有研究生学历背景。以计算机类专业为例，其近三年应届本科毕业生直接从事"人工智能工程技术人员"职业的比例（0.3%）较低；毕业五年后从事该职业的比例达到1.5%，其中获得研究生学历的占比接近八成（78%）。基于某一流大学人工智能专业硕士生源特点来看，优质本科（一流大学）生源占7成以上。

进一步从细分的岗位方向来看，人工智能不同类型、技术方向岗位的用人标准与要求存在明显差异。工信部人才交流中心发布的《人工智能产业人

195

才发展报告（2019-2020年版）》显示，主要类型岗位中，算法研究岗、应用开发岗的学历准入门槛较高，要求应聘者拥有研究生学历的比例均超过40%（见表11-3）；不同技术方向岗位中，机器学习、自然语言处理、智能语音、计算机视觉方向的岗位很多要求具备研究生学历（见表11-4）。上述类型与技术方向的岗位人才供需比[①]普遍较低，供需失衡的现象更为明显，高层次人才存量不足。

表11-3 人工智能不同类型岗位的学历要求及人才供需比

岗位类型	要求研究生学历的比例（%）	人才供需比
算法研究岗	45.1	0.13
应用开发岗	41.9	0.17
产品经理岗	4.6	4.52
实用技能岗	4.3	0.98

资料来源：工信部人才交流中心《人工智能产业人才发展报告（2019-2020年版）》。

表11-4 人工智能不同技术方向的学历要求及人才供需比

技术方向	要求研究生学历的比例（%）	人才供需比
机器学习	50.9	0.23
计算机视觉	47.1	0.09
智能语音	40.4	0.08
自然语言处理	39.6	0.20
人工智能芯片	7.5	0.37

资料来源：工信部人才交流中心《人工智能产业人才发展报告（2019-2020年版）》。

---

① 岗位人才供需比 = 意向进入岗位的人才数量 / 岗位数量，供需比越低代表该岗位的人才越紧缺。

2023年本科人工智能人才供给与培养分析

二 分类培养适应多样化需求

鉴于当前新设立的人工智能专业尚未形成大规模的毕业生输出,传统计算机科学与技术、电子信息工程等相关专业仍将长期作为支持人工智能产业发展的关键力量。因此,高校应密切关注这些专业的毕业生就业状况,评估现有培养模式对就业的支持效果。同时,将毕业生反馈的培养过程中的问题和岗位对人才能力的需求融入后续人工智能人才培养方案中,不断提升培养质量。

(一)人才培养与岗位需求错位

计算机类专业毕业生就业质量下降明显。从近五年来看,计算机类专业毕业生毕业去向落实率、毕业半年后的月收入、工作与专业的相关度整体呈下降趋势(见表11-5),其中毕业生因"达不到专业相关工作的要求"而从事无关工作的比例(2023届22%)明显高于工科专业平均水平(13%)。电子信息类专业毕业生也面临同样的市场需求的变化。

表11-5 计算机类、电子信息类专业本科毕业生的就业情况趋势变化

主要就业指标	专业类名称	2023届	2022届	2021届	2020届	2019届
毕业去向落实率(%)	电子信息类	88.7	89.6	90.6	91.5	93.0
	计算机类	83.2	86.6	90.2	91.7	94.1
	工科专业平均	89.4	89.5	90.6	91.1	93.0
毕业半年后月收入(元)	电子信息类	6802	6662	6429	6091	6145
	计算机类	6771	6863	6886	6800	6858
	工科专业平均	6709	6610	6323	5913	5809
工作与专业相关度(%)	电子信息类	68	73	67	62	61
	计算机类	65	77	78	76	75
	工科专业平均	72	76	74	71	71

资料来源:麦可思-中国2019~2023届大学毕业生培养质量跟踪评价。

197

技术岗位对能力和学历要求提升。从毕业生就业量较大的互联网行业来看，应届本科毕业生在互联网行业就业的比例从2018届的3.0%下降到2023届的2.0%。随着人工智能和数字技术的发展，互联网等领域业务、岗位结构持续优化调整，在互联网行业就业的本科毕业生中，传统开发、测试、运维、技术支持类岗位占比下降（从2021届的42.8%下降至2023届的34.8%），数字技术工程技术人员（如人工智能工程技术人员、大数据工程技术人员等）占比上升（见表11-6）。人工智能算法和开发岗对从业人员的胜任能力、学历要求也更高。

表11-6 在互联网行业就业的本科毕业生的主要岗位构成

单位：%

主要岗位构成	2023届	2022届	2021届
传统开发、测试、运维、技术支持人员	34.8	38.4	42.8
数字技术工程技术人员	4.3	3.5	3.3

资料来源：麦可思-中国2021~2023届大学毕业生培养质量跟踪评价。

人工智能人才需分类分层培养。当下开设人工智能专业和相关专业的高校数量众多，不同类型院校在培养目标、服务国家战略和地方产业需求的层次和方向、发展阶段等都存在差异，因此高校人工智能人才培养不能一概而论，需根据自身定位和办学优势，分类分层培养，以适应人工智能发展对人才的多样化需求。下文将从全国本科应用型人才、研究型人才分别分析，探讨人工智能专业人才培养过程中存在的问题，为人才培养持续改进提供参考。

（二）应用型院校：关注工程实践

技术技能、工程实践不足。2023届本科电子信息类、计算机类专业毕业生认为岗位中最重要的基本工作能力为电脑编程能力，其次是疑难排解能力，但这两项能力的达成效果均偏低，电脑编程能力满足度分别为77%、81%，疑难排解能力满足度分别为83%、85%（见表11-7），均低于全国本科平均水平89%。这也反映了毕业生的实际操作能力和问题解决能力与岗位需求不匹配。

2023 年本科人工智能人才供给与培养分析

表 11-7 计算机类、电子信息类专业最重要的 3 项基本工作能力的满足度

单位：%

专业类名称	最重要的3项基本工作能力	能力满足度
电子信息类	电脑编程	77
	疑难排解	83
	技术设计	84
计算机类	电脑编程	81
	疑难排解	85
	科学分析	90

资料来源：麦可思－中国 2023 届大学毕业生培养质量跟踪评价。

课程教学与实际工作需求脱节。2023 届本科计算机类、电子信息类专业从事工作与专业相关的毕业生对核心课程有效性评价偏低，认为核心课程重要度分别为 81%、77%，核心课程满足度分别为 82%、80%，均低于全国本科平均水平（重要度 85%，满足度 88%）（见表 11-8）。与此同时，计算机类、电子信息类专业毕业生认为"课程内容不实用或陈旧"的比例（2023 届分别为 48%、41%，全国本科为 37%）较高。人工智能技术更新迭代速度较快，课程设置和内容的更新滞后于行业发展，不能充分适应行业发展的新趋势、新要求。

表 11-8 计算机类、电子信息类专业工作与专业相关毕业生对核心课程的评价

单位：%

专业类名称	核心课程重要度	核心课程满足度
计算机类	81	82
电子信息类	77	80
全国本科	85	88

资料来源：麦可思－中国 2023 届大学毕业生培养质量跟踪评价。

实践机会不足。2023届本科计算机类、电子信息类专业毕业生均有半数以上认为教学过程中实习实践环节不够，毕业生对实践教学的满意度（分别为84%、85%，全国本科87%）评价偏低（见表11-9）。从2021-2022学年人工智能相关专业在校生对实践教学的评价来看，在校学生对实践教学的总体满意度评价（85%，全国本科90%）较低（见表11-10）。

表11-9 计算机类、电子信息类专业毕业生对实践教学的满意度

单位：%

专业类名称	实践教学满意度
电子信息类	85
计算机类	84
全国本科	87

资料来源：麦可思－中国2023届大学毕业生培养质量跟踪评价。

表11-10 人工智能相关专业在校生对实习实践各方面的满意度

单位：%

对实习实践各方面的满意度	人工智能相关专业	全国本科
实习实践指导情况	86	90
实习实践的内容	86	90
实习实践时间安排	85	89
实习实践场地及设备	84	89

资料来源：部分高校2021~2022学年在校生跟踪评价。

需强化人工智能专业实践教学。综合来看，计算机类、电子信息类专业现阶段专业课程内容与行业场景和实际应用脱节，教学内容过时，应用性不足，缺乏实践资源、实践项目、实践机会，对人才培养质量的支撑不够。对地方应用本科院校来说，在人工智能专业人才培养方面应紧密对接地方产业

需求，通过校企合作机制，为学生提供实践和实习机会，同时引进具有行业经验的双师型教师，以增强教学的实践性和应用性。课程设置应强调实践教学，增加项目导向学习和案例分析，同时开设跨学科课程，促进技术知识与实际应用的融合。此外，应加强创新和创业教育，提供职业规划和就业服务，帮助学生适应就业市场。

（三）研究型院校：关注创新培养

研究、创新能力不足。 从"双一流"院校升学的毕业生评价来看，2023届电子信息类、计算机类专业读研的毕业生学术能力掌握水平（分别为57%、56%）低于全国"双一流"院校平均水平59%（见表11-11）。毕业生认为学术研究能力、科研设计与方法论上存在不足。从毕业生工作五年后的反馈来看，从事人工智能相关岗位的毕业生认为设计思维、自主学习能力在职业发展中的需求程度较高。

表11-11 "双一流"院校计算机类、电子信息类专业读研的毕业生学术能力掌握水平

单位：%

专业类名称	学术能力掌握水平
电子信息类	57
计算机类	56
全国"双一流"院校平均	59

资料来源：麦可思－中国2023届大学毕业生培养质量跟踪评价。

课程内容与学科发展脱节。 2023届本科计算机类、电子信息类专业读研的毕业生对核心课程满足度评价偏低，分别为81%、83%，均低于全国平均水平（86%），与此同时，电子信息类专业读研的毕业生对核心课程重要度评价（84%）低于全国平均水平（87%）（见表11-12）。毕业生认为对目前研究生学习而言，本科教学中的基础课、专业基础课程、专业课程知识亟待改

进（见表 11-13）。高等教育机构需重新审视和设计课程体系，确保教学内容、教学方法和教育目标与新工科理念相符，以培养适应未来工程技术发展和市场需求的高层次、创新型、复合型人才。

表 11-12　计算机类、电子信息类专业读研的毕业生对核心课程评价

单位：%

专业类名称	核心课程重要度	核心课程满足度
计算机类	87	81
电子信息类	84	83
全国本科	87	86

资料来源：麦可思－中国 2023 届大学毕业生培养质量跟踪评价。

表 11-13　计算机类、电子信息类专业读研的毕业生认为母校教学需要改进的主要方面

单位：%

专业类名称	基础课程知识改进期待	专业基础课程知识改进期待	专业课程知识改进期待
计算机类	41	56	55
电子信息类	39	56	52
全国本科	34	47	44

资料来源：麦可思－中国 2023 届大学毕业生培养质量跟踪评价。

产学研融合不充分。2023 届"双一流"院校的毕业生有近半数认为学校教学过程中基于"问题、项目、案例的探究性学习方式"太少，这一比例在计算机类、电子信息类专业分别为 48%、46%，均高于全国"双一流"院校平均 43%。这两类专业毕业生认为对深造或工作有价值的学术实践经历为"参加学科/科技竞赛"（均为 59%）、"参与老师主导的科研课题"（分别为 58%、57%），均高于全国"双一流"院校平均水平（分别为 50%、54%）（见表 11-14）。

2023年本科人工智能人才供给与培养分析

表 11-14 计算机类、电子信息类专业毕业生认为有价值的主要学术实践经历

单位：%

专业类名称	参加学科/科技竞赛	参与老师主导的科研课题
计算机类	59	58
电子信息类	59	57
全国"双一流"院校平均	50	54

资料来源：麦可思－中国2023届大学毕业生培养质量跟踪评价。

教育模式仍需创新。高层次、创新型、复合型人才的培养主要依靠研究实力强劲的一流大学，以下选取国内5所一流大学的本科培养方案，对培养目标进行分析。整体而言，人工智能专业的培养目标包括知识、能力和素质三大基本要素。从毕业要求来看，在知识方面，要求学生扎实掌握计算机、数学、认知科学、信息科学等不同学科的知识；在能力方面，注重培养学生的研究能力、工程实践能力、设计或开发解决方案等方面的能力，强调应用与实践；在素质方面，除了思想道德、国家情怀以外，强调学生在工程与社会、环境和可持续发展、职业规范等方面的素质（见表11-15）。作为一个新兴的交叉学科，人工智能专业建设正在探索期，师资队伍、教材建设、课程体系、实践体系等方面的建设仍需加强，需优化人工智能领域产学研实践学习生态，有效链接高校和产业。

表 11-15 5所代表性高校人工智能专业本科培养目标

学校	所在专业	培养目标
清华大学	交叉信息研究院计算机科学与技术（人工智能班）	1.全面掌握人工智能基础理论与前沿应用知识，科研实践能力强，并能终身学习。 2.熟悉人工智能前沿领域，具有良好科学素养和创新精神，成为能够从事人工智能领域研究的领跑国际、拔尖创新人工智能领域人才。 3.具有职业道德和社会责任感，具备与世界一流高校本科生同等甚至更高的竞争力。
浙江大学	人工智能（图灵班）专业（2022级）	培养具备厚基础、高素养、深钻研、宽视野的高素质、创新型本科生，本科毕业后到全球一流高校继续深造，有望在将来成为计算机科学、网络空间安全和人工智能领域世界一流学科引领者和战略科学家。

203

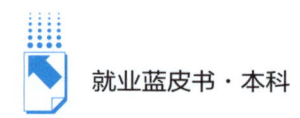

续表

武汉大学	计算机学院人工智能专业（2023版）	培养具有扎实的数理基础、良好的科学思维与科学研究能力，系统掌握人工智能的基本理论、方法与技术，具有从事智能感知、认知计算、智能系统以及人工智能学科拓展等方面的研究、开发和应用能力，具有开拓进取精神和创新创业能力的拔尖创新人才和高级技术管理人才。
哈尔滨工业大学	计算学部人工智能专业（2022版）	培养具有坚实的人工智能与数字媒体基础理论、基础知识与实践方法，能够运用数学、计算机等领域的基础知识，分析、设计各种人工智能算法、软件及系统，毕业后能从事人工智能基础理论、智能信息处理、数字媒体处理技术等方向的理论研究、技术研发、应用开发、专业教育等工作，能够引领未来发展，具有国际视野、社会责任感和专业使命感的杰出人才。
山东大学	计算机科学与技术学院人工智能专业（2020版）	培养学生具有坚实的数理基础和认知科学、信息科学相关知识，系统掌握人工智能基础理论与基本方法；具有运用人工智能的基本模型、原理与方法，设计有效的技术解决方案并能从事相关应用研究与开发的能力；具备良好的科学思维和科学实验素养，对人工智能关键领域的前沿技术有深刻理解，并具有相关方向的科学研究能力；能够适应国际化竞争环境，具有高度的社会责任感和良好的职业道德，以及终身学习能力和开拓创新精神。

资料来源：各校官方网站。

三 启示：未来人工智能教育的创新与实践

在当前我国经济的数字化和智能化转型背景下，人工智能专业人才的培养正面临前所未有的挑战与机遇。通过分析，人工智能核心产业规模迅速扩大，专业人才供需矛盾却日益凸显，这要求高等教育机构必须重新审视现有的人才培养模式。产教融合的深化、课程内容的实践性强化，以及教育模式的创新变得尤为关键。高等教育机构需与产业界建立更加紧密的联系，通过校企合作，提供与实际工作紧密相关的教学内容和实践机会，同时教育者应不断探索以问题、项目、案例为导向的教学方法，以培养学生的创新能力和解决实际问题的能力。

分类分层培养策略对于满足人工智能领域对人才多样化需求至关重要。不同类型院校应根据自身特点和定位，制定符合自身特色的人才培养方案。此外，高校应加强师资队伍建设，引进具有行业经验的教师，更新教学内容，使之与行业发展同步。对于学术研究与科研能力的培养，高校应鼓励学生参与科研项目和学科竞赛，以提升学术研究能力和科研设计方法论。

高等教育机构应定期进行教育质量评估和课程改进。同时，政府需提供更多的政策和资源支持，以促进人工智能相关学科的发展，为社会培养出更多高质量的专业人才，满足国家战略需求和市场变化。

参考文献：

《我国人工智能蓬勃发展 核心产业规模达5000亿元》，新华社，2023-07-06。

任社宣:《人工智能工程技术人员就业景气现状分析报告》，《中国人力资源社会保障》2022年第2期。

工业和信息化部人才交流中心:《人工智能产业人才发展报告（2019-2020年版）》，2020-6-24。

浙江大学中国科教战略研究院课题组:《中国人工智能人才培养报告》，2022。

B.12
2023年生源下降背景下小学教育供给与人才培养分析

摘　要： 随着中国出生人口数的持续下降，小学教育领域面临教师供给过剩的挑战。2023年小学招生人数达到1878万的峰值，但2016年之后出生人口数持续下降，2023年降为902万，预示着未来小学适龄人口规模的缩减。尽管如此，小学专任教师人数却从2019年的626.91万人增长至2022年的662.94万人，且本科师范生招生人数也呈增长态势，预示着未来几年小学专任教师会出现过剩的情况。当然城乡之间、不同区域之间小学教育资源配置的差异仍较大，城区小学生师比高于国家标准，需根据学龄人口的规模性和区域性变化做好供需匹配。然而，教师学历水平上移，东部发达地区研究生学历教师比例上升，加剧了本科师范生的从教竞争。为应对挑战，需优化教育供需匹配，提升教师培养质量，特别是加强实践教学和教学能力培养，以适应教育发展的新要求。

关键词： 小学教育　供需匹配　学历上移　专业培养　本科生

　　2016年受"全面二孩"政策红利影响，全年出生人口达到1786万，为近20年的高峰。随着这批人陆续进入小学适龄阶段，2023年小学招生人数（1878万）达到了近年来的峰值。然而2016年之后出生人口数急剧下降，2022年首次跌破千万（956万），2023年进一步下降至902万（见图12-1）。未来一段时间小学阶段适龄人口规模将持续下降，这对小学教育用人需求以及师范类专业人才培养供给的影响不可忽视。

2023 年生源下降背景下小学教育供给与人才培养分析

图 12-1　2014~2023 年出生人口数变化趋势

资料来源：中华人民共和国国家统计局。

本专题将从小学教育的供需现状入手，分析在适龄人数下降与小学专任教师整体增长的情况下，该如何做好供需平衡以匹配小学教育事业的新要求。同时也将诊断师范类专业培养上的问题，从而为后续的优化、调整与改进提供参考。

一　小学教师即将过剩

未来几年内小学专任教师规模过剩的情况无法避免。 从全国小学教育事业发展基本情况看，小学教育专任教师人数保持逐年增长的趋势。从 2019 年的 626.91 万人增长到 2022 年的 662.94 万人。而 2019~2022 年本科师范生招生人数持续增长，从 42.88 万人增长到 49.54 万人（见图 12-2）。可以预测小学教育专任教师人数在未来几年依然会保持增长趋势，与小学阶段适龄人口 2023 年达到峰值后持续下降的现状不匹配。

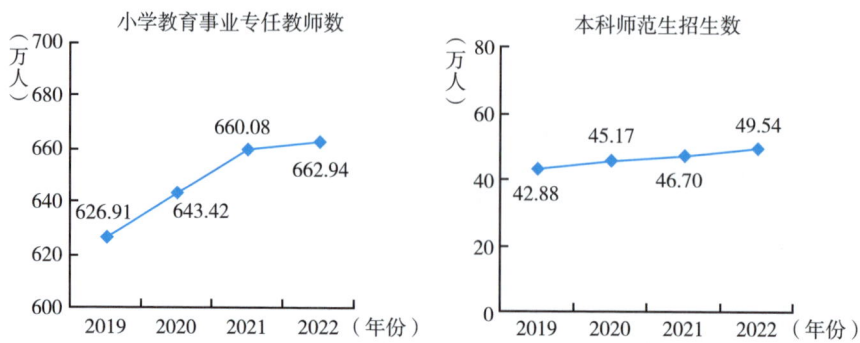

图 12-2　2019~2022 年小学教育事业专任教师数、本科师范生招生数变化趋势

资料来源：中华人民共和国教育部。

二　调整供需：关注区域差异及学科结构

（一）基于区域特点，做好供需匹配

城乡之间的师资需求存在较大差异。随着城镇化的快速推进，城乡小学教育资源分配出现明显不均衡。2018~2022 年，乡村小学因撤点并校而减少了 1.45 万所，而城区小学数量却增加了近 3000 所（见表 12-1），显示出教育资源正向城区倾斜。从生师比的角度观察，同期内乡村和镇区的生师比持续下降，尤其是乡村学校生师比从 2018 年的 15.5∶1 下降到 13.5∶1，下降明显；而城区小学的生师比则始终保持在 21∶1 以上（见表 12-2），高于国家标准（2014 年中央编办、教育部、财政部印发的《关于统一城乡中小学教职工编制标准的通知》规定小学生师比标准为 19∶1），反映出城区小学可能面临教师短缺的压力。

基于规模和区域性波动，做好教育供需的精准匹配。乡村地区因人口流失导致学生数量减少，从而出现了教师相对过剩的情况；相对地，城镇及其周边学校因学生人数增加而遭遇教师不足的问题。这种学龄人口的规模和区域性波动，导致各地学龄人口峰谷期的出现时间并不相同。为提升教育资源的使用效率并优化分配，要深入分析学龄人口的变化趋势，并据此提前做好教育资源的规划与调配，确保教育供需之间的精准匹配。

《从基本均衡向优质均衡迈进——我国多举措部署推进义务教育优质均衡发展》一文中也提到"针对未来十几年义务教育在校生'先达峰后减少'的变化趋势，教育部提出要加强学龄人口变化前瞻性研究，合理规划学校布局，优化教育资源配置"；"教育部还提出，补齐学校办学条件短板，推进现有优质学校挖潜扩容，加快新优质学校成长，利用数字化赋能，推动优质教育资源共享，帮助乡村学校提升办学质量"。

表12-1 2018~2022年城区、镇区、乡村小学学校数变化趋势

单位：万所

学校数	2022年	2021年	2020年	2019年	2018年	五年变化
城区	3.07	3.01	2.92	2.85	2.78	0.29
镇区	4.23	4.27	4.27	4.31	4.34	−0.11
乡村	7.61	8.15	8.61	8.86	9.06	−1.45

资料来源：中华人民共和国教育部。

表12-2 2018~2022年城区、镇区、乡村小学生师比变化趋势

生师比	2022年	2021年	2020年	2019年	2018年
城区	21.5	21.5	21.9	21.9	21.9
镇区	18.8	19.3	20.0	20.2	20.2
乡村	13.5	13.9	15.0	15.2	15.5

资料来源：中华人民共和国教育部。

（二）匹配素质教育，优化培养体系

素质教育课程在小学教育中占比持续增长。《关于实施新时代基础教育扩优提质行动计划的意见》中强调实施素质教育提升行动，从构建"大思政课"体系、加强科学与文化素质培养、强化体美劳教育层面做了具体规定，旨在

促进中小学生全面发展。结合以上课程在小学教育中的课程数量变化趋势来看，整体素质教育课程数量在近五年来占比持续增长，从 2018 年的 25.5% 到 2022 年的 28.5%（见表 12-3），其中体育与健康、综合实践活动增长比例突出。《关于实施新时代基础教育扩优提质行动计划的意见》中也提到"统筹社会资源推进教体融合，开足开齐体育和艺术课程，鼓励学校每天开设 1 节体育课，落实每日校内体育活动不少于 1 小时要求，常态化开展学校体育竞赛和艺术展演展示活动"。

近年来，我国义务教育阶段在体育、艺术和劳动技术课程的教师数量显著增长，分别达到了 67.4 万、83.0 万和 10.9 万，与 10 年前相比，增长率分别为 55.4%、52.3% 和 18.3%。这一增长趋势不仅体现了国家对义务教育阶段音体美劳等课程建设的重视，也映射出教育质量持续提升的积极态势。为确保这些学科教育的深入发展，必须关注相关师范专业的人才培养结构及培养体系调整。

表 12-3　2018~2022 年小学教育专任教师所授素质教育课程分布变化趋势

单位：%

所授素质教育课程	2022年	2021年	2020年	2019年	2018年
总计	28.5	27.5	26.8	26.5	25.5
艺术	9.0	9.2	8.8	8.6	8.5
体育与健康	6.8	6.6	6.2	6.1	5.9
综合实践活动	5.1	4.0	4.6	4.5	3.8
道德与法治	4.1	4.0	3.7	3.7	3.8
科学	3.6	3.7	3.6	3.6	3.6

资料来源：中华人民共和国教育部。

小学教育专业是小学从教人员的最重要来源。主要从在小学从教的师范类院校本科毕业生的专业构成来看，小学教育专业占三成以上（30.4%），是服务小学教育领域的主体；其后依次是汉语言文学（13.1%）、体育教育（7.0%）、数学与应用数学（6.1%）等，基本涵盖了小学教育的主要学科方向（见图 12-3）。

2023年生源下降背景下小学教育供给与人才培养分析

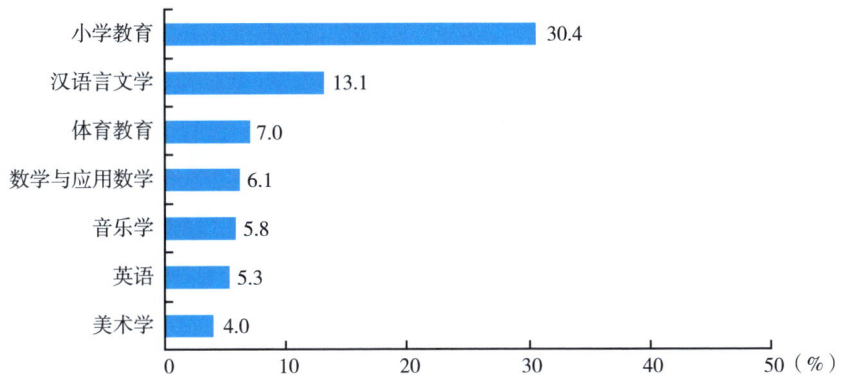

图12-3 在小学从教的师范类院校本科毕业生的专业分布

资料来源：麦可思-中国2021~2023届大学毕业生培养质量跟踪评价。

从师范类专业毕业生在小学从教情况来看，小学教育专业毕业生在小学从教的比例明显高于其他专业，持续在六成以上；体育教育、英语、音乐学、美术学专业毕业生在小学从教的比例有所上升（见表12-4），符合促进小学生全面发展的要求。

表12-4 主要师范类专业毕业生在小学从教的比例变化趋势

单位：%，个百分点

小学从教比例	2023届	2022届	2021届	2020届	2019届	五年变化
小学教育	60.7	62.5	66.2	67.7	66.4	-5.7
音乐学	28.5	28.8	28.2	27.7	27.1	1.4
体育教育	25.5	24.7	24.8	24.0	22.7	2.8
汉语言文学	22.8	23.0	23.2	24.0	23.7	-0.9
数学与应用数学	22.1	23.6	23.7	23.9	22.8	-0.7
美术学	21.0	21.5	21.7	20.3	20.2	0.8
英语	13.5	13.9	13.3	11.7	10.8	2.7

资料来源：麦可思-中国2019~2023届大学毕业生培养质量跟踪评价。

小学教育专业应致力于培养全面发展的优秀教师。这种全科型培养模式重点在于提升学生在教育理论、教学技能、班级管理以及多学科教学等方面的综合能力。以杭州师范大学小学教育（师范）专业为例，其本科培养计划要求学生毕业时需熟练掌握小学语文、数学、科学等关键学科的教学方法，并至少了解一门艺术学科，以此构建均衡的学科知识体系。这样的培养目标旨在让学生毕业后能够胜任多样化的小学教学需求，成为能够激发学生潜能、引导他们全面发展的卓越教师。

三 提升质量：优化课程结构及实践教学

（一）教师学历上移，优化课程结构

小学教师队伍存在明显的学历上移现象。教育部更新至2022年的教育统计数据显示，近年来拥有研究生学历的小学教育专任教师占比持续上升，从2018年的1.1%上升至2022年的2.1%，五年内将近翻了一番（见图12-4）；其中，东部地区小学教育专任教师拥有研究生学历的比例（2022年3.3%）明显高于非东部地区（2022年1.4%）。进一步从各省份来看，2022年小学教育专任教师拥有研究生学历占比最高的前10个省份中，东部地区的省份占了7个，其中北京（12.9%）、上海（10.8%）、天津（8.5%）位列前三（见图12-5）。这在一定程度上加大了本科师范专业毕业生的从教竞争难度，需关注各类人群相关培养质量。

在小学从教的研究生群体，需关注学科交叉和理论联系实际的教学模式。从2018届毕业五年后在小学从教的毕业生来看，本科学历层次毕业生对本科教学各项满意度均在90%及以上，而学历提升的研究生群体对于其本科阶段接受的教育在多个方面的满意度较低，特别是在跨学科学习经历和理论联系实际的教学模式方面，均未达到90%（见表12-5）。

在中国新的发展阶段，培养具有创新精神和能力的人才显得尤为重要。中小学教师，作为教育体系的基石，不仅需要具备扎实的学科知识，更应融入创新素养。例如：北京师范大学正探索在传统的"数理化、天地生、文史

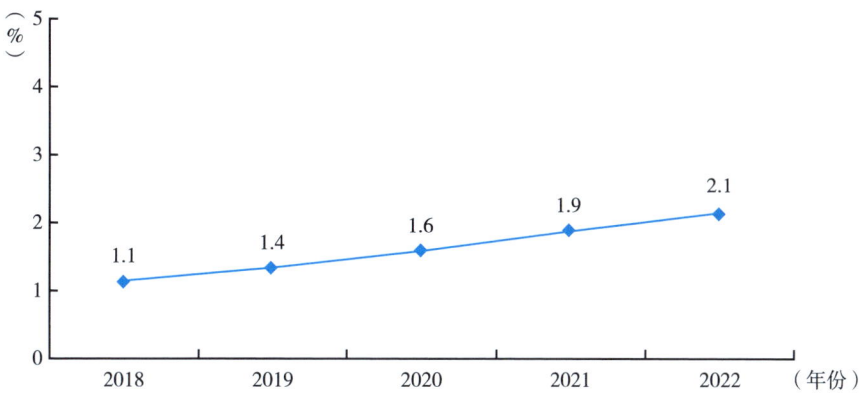

图 12-4　2018~2022 年全国小学教育专任教师拥有研究生学历的占比变化趋势

资料来源：中华人民共和国教育部。

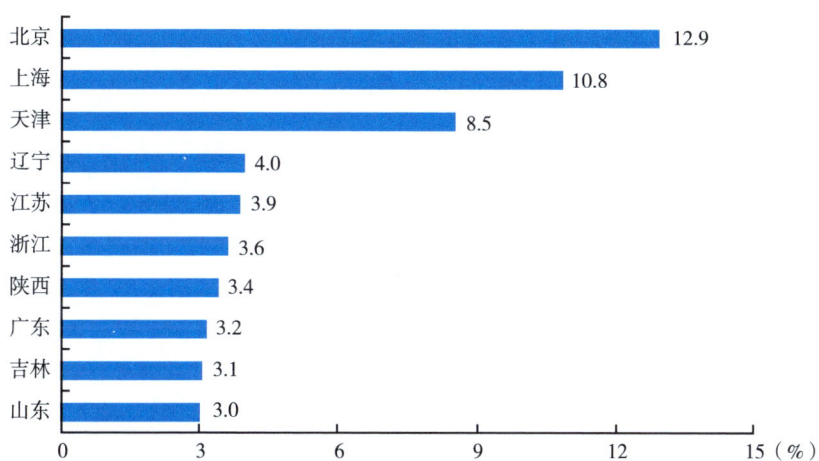

图 12-5　2022 年小学教育专任教师拥有研究生学历占比最高的前 10 个省份

资料来源：中华人民共和国教育部。

哲"这样一个完整的学科结构基础上，努力增加一些信息技术、工程技术方面的课程，有意识地提升学生们的工程素养和信息素养，从而提升他们的创新意识。等他们走上基础教育一线，也会把这种创新意识潜移默化地传递给中国更年轻的一代，从而培养造就出更多具有创新意识和能力的学生。

表12-5 毕业五年后在小学从教的不同学历毕业生对本科期间教学各方面的满意度

单位：%

对本科期间教学各方面的满意度	本科	研究生
教师指导效果	97	97
与同学互动学习的经历	95	93
理论联系实际的教学模式	95	89
知识传授中融入前沿理念	95	94
教学资源满足学习所需	94	93
跨学科学习经历	90	87

资料来源：麦可思-中国2018届大学毕业生五年后职业发展跟踪评价。

（二）关注实践教学，提升教师能力

整体培养评价较高，重点关注实践教学环节。要更好地满足小学教育事业的发展新要求，应该重点关注小学从教人员的培养环节，提升小学从教人员的适应性和匹配度。从在小学从教的本科毕业生反馈来看，师范院校与非师范院校毕业生对本科院校整体培养的满意度较高（见表12-6）。在实践教学层面，不管是对教学反馈还是对课程内容反馈均集中在实习实践不足，改进的比例均在六成左右。同时也要关注师范和非师范院校的差异性——在教学改进层面，关注非师范院校的课程内容更新和对学生兴趣的调动；在课程内容改进层面，关注非师范院校的学校资源丰富性、内容前沿性和对于思政课程的融入（见表12-7）。

表12-6 在小学从教的本科毕业生对培养过程的评价

单位：%

主要培养过程指标	师范院校	非师范院校
教学满意度	96	95
核心课程重要度	92	91
核心课程满足度	91	91

资料来源：麦可思-中国2023届大学毕业生培养质量跟踪评价。

2023年生源下降背景下小学教育供给与人才培养分析

表 12-7　在小学从教的本科毕业生对教学及专业课程内容的改进需求

单位：%

认为教学需要改进的方面	师范院校	非师范院校	认为专业课程内容需要改进的方面	师范院校	非师范院校
实习和实践环节不够	56	57	课程内容的实践性不足	59	61
课程内容不实用或陈旧	31	34	基础知识和技能方面课程内容不足	35	36
无法调动学生学习兴趣	28	32	课程配套学习资源不够丰富	35	38
课堂上让学生参与不够	27	26	课程内容不能根据学科前沿发展动态更新	32	35
课程考核方式不合理	19	20	学科课程与教育理论课程融合不足	31	30
多媒体、网络教学效果不好	19	19	课程内容中社会主义核心价值观、师德教育融入不足	15	18

资料来源：麦可思－中国2023届大学毕业生培养质量跟踪评价。

实践教学重点加强教学能力培养。从在小学从教的本科毕业生的反馈来看，教学能力是其认为最需要通过实践教学加强的领域，紧接着是需要强化组织管理能力（见表12-8）。实践教学不仅是职前教师培养的核心环节，也是确保学生达到"践行师德、学会教学、学会育人、学会发展"等毕业要求的关键。目前，我国正致力于构建高校、地方政府和小学三方协同的培养机制，以促进教师教育改革的深入实施。一些成功的协同培养模式已经形成，例如首都师范大学的教师发展学校、东北师范大学的"UGS"模式、杭州师范大学的"东城模式"、浙江省的"TDS"模式以及广东省的"卓越教师培养联盟"。然而，这些模式在推广过程中仍面临一些问题，包括协同意识不足以及缺乏成熟的协同考核机制等。

表12-8 在小学从教的本科毕业生认为本专业实践教学需要加强的方面

单位：%

认为本专业实践教学需要加强培养的方面	师范院校	非师范院校
教学能力	64	67
组织管理能力	57	58
育人能力	49	50
研究能力	46	47
理解学生能力	48	46
实验能力	41	44

资料来源：麦可思-中国2023届大学毕业生培养质量跟踪评价。

为了进一步优化实践教学并强化教学能力培训，建议高校、地方政府和小学加强三方合作，明确责任，共同增强协同意识；建立科学的考核机制，确保教师培养质量；增加模拟教学和实习支教等实践环节，让学生在真实或类似的教学环境中提升教学技能；通过案例分析和角色扮演等方法，加强学生的组织管理能力培养；并定期收集反馈，不断优化培养方案，以适应教育发展需求，从而培养出更多高素质的教师。

四 启示：小学教育人才培养需将供需匹配与质量提升并重

小学教育作为教育体系的基石，对于培养下一代具有至关重要的作用。它不仅是知识的启蒙阶段，更是塑造学生品德、性格和世界观的关键时期。小学教育需积极适应和应对人口变化的趋势，基于本地小学教育适龄人口的变化趋势，并兼顾城乡以及不同区域之间小学教育资源配置的差异，合理优化培养规模，努力为实现小学教育的均衡发展提供助力。与此同时，也需注重内涵发展和人才培养质量的提升，不断完善课程内容与实践教学，注重将专业理论知识与小学教育教师的岗位任务相结合，以更好地促进学生岗位所需教育教学实践能力的提升。在这一过程中，不同地区、不同类型院校需根据自身实际情况各有侧重，充分挖掘和利用各自办学特色与资源优化，探索形成差异化的人才培养模式，最终共同为进一步推进小学教育扩优提质提供支撑。

参考文献：

李玲、周文龙、钟秉林、李汉东:《2019—2035年我国城乡小学教育资源需求分析》,《中国教育学刊》2019年第9期。

唐汉琦、欧飞飞:《回顾与反思：新中国小学教师培养模式的发展变迁与改革趋向》,《当代教育论坛》2021年第5期。

附　录
技术报告

一　数据介绍

（一）评价覆盖面

2024年度麦可思－全国大学毕业生跟踪评价分类如下。

1. 2023届本科生毕业半年后培养质量的跟踪评价，于2024年3月初完成，全国本科生样本为14.3万。覆盖了455个本科专业；覆盖了东、中、西部和东北地区；覆盖了本科毕业生从事的573个职业、321个行业。

2. 麦可思曾对2018届大学毕业生进行毕业半年后、三年后的跟踪评价，2023年底对此全国样本进行了五年后的第三次跟踪评价，旨在通过更长的时间跨度观察毕业生的发展变化，全国本科生样本约4.2万。覆盖了356个本科专业；覆盖了东、中、西部和东北地区；覆盖了本科毕业生从事的572个职业、310个行业。

（二）评价对象

毕业半年后（2023届）、五年后（2018届）的本科毕业生：包括"双一流"院校、地方本科院校的毕业生，不包括成人高等教育、军事院校和港澳台院校的毕业生。

（三）评价方式

分别向毕业半年后的2023届大学毕业生、毕业五年后的2018届大学毕

附　录　技术报告

业生以电子邮件方式发放答题邀请函、问卷客户端链接，三类评价的问卷不同。答卷人回答问卷，答题时间为 10~30 分钟。

二　研究概况

（一）研究目的

1. 了解本科毕业生的就业状态及就业质量，发现满足社会需求方面存在的问题；
2. 了解本科毕业生的升学、灵活就业以及未就业的状况；
3. 了解本科毕业生的职业发展、能力和素养达成情况；
4. 了解本科毕业生对母校的满意程度以及对教育教学过程的反馈。

（二）研究样本

本研究需提醒读者注意以下几点。

1. 答题通过电子问卷客户端实现，未被邀请的答题将被视为无效。
2. 本研究对答题和未答题的样本进行了检验，没有发现存在自我选择性样本偏差问题（Self-selection Bias）[①]。
3. 对于样本中与实际比例的明显差异可能带来的统计误差，本研究采用权数加以修正（即对回收的全国总样本，基于学历、地区、院校类型、专业的实际分布比例进行再抽样）。再抽样后的样本分布与实际分布见表 1 至表 5，本科毕业生的实际分布比例来自中华人民共和国国家统计局网站。

---

① 自我选择性样本偏差问题：是指调查中存在某类群体选择答题的概率和其他群体有明显不同。例如，就业的毕业生可能更容易选择参与答题，而没有就业的学生可能不愿意参加答题等。

表1 2023届各区域本科毕业生样本人数分布与实际人数分布对比

单位：%

各区域	2023届本科样本人数比例	2023届本科毕业生实际人数比例
东部地区	38.2	38.5
中部地区	27.0	26.6
西部地区	25.5	25.6
东北地区	9.3	9.3

资料来源：麦可思－中国2023届大学毕业生培养质量跟踪评价；中华人民共和国国家统计局。

表2 2023届各省份本科毕业生样本人数分布与实际人数分布对比

单位：%

省份	2023届本科样本人数比例	2023届本科毕业生实际人数比例
北京	1.9	2.8
天津	2.1	1.9
河北	5.3	4.9
山西	3.5	2.8
内蒙古	1.5	1.5
辽宁	3.8	3.7
吉林	2.6	2.6
黑龙江	2.9	2.9
上海	3.6	2.1
江苏	5.6	6.3
浙江	3.2	3.6
安徽	4.2	4.0
福建	3.0	2.9
江西	2.9	3.5

续表

省份	2023届本科样本人数比例	2023届本科毕业生实际人数比例
山东	5.9	6.5
河南	7.5	7.0
湖北	5.5	5.2
湖南	3.5	4.2
广东	6.8	6.8
广西	3.2	3.2
海南	<1.0	0.7
重庆	2.8	2.7
四川	5.6	5.6
贵州	2.1	2.2
云南	2.7	2.8
西藏	<1.0	0.1
陕西	4.1	3.8
甘肃	1.9	1.7
青海	<1.0	0.2
宁夏	<1.0	0.5
新疆	1.3	1.3

注：表中样本人数比例小于1.0%的数值均用"<1.0"表示，下同。
资料来源：麦可思 – 中国2023届大学毕业生培养质量跟踪评价；中华人民共和国国家统计局。

表3 2023届各学科门类本科毕业生样本人数分布与实际人数分布对比

单位：%

本科学科门类	2023届本科样本人数比例	2023届本科毕业生实际人数比例
工学	34.5	33.9
管理学	17.0	17.2

续表

本科学科门类	2023届本科样本人数比例	2023届本科毕业生实际人数比例
艺术学	10.4	9.8
文学	10.0	9.9
医学	7.1	7.1
理学	5.7	6.3
教育学	4.6	4.9
经济学	4.5	5.2
法学	4.1	3.5
农学	1.5	1.6
历史学	<1.0	0.5
哲学	<1.0	0.1

资料来源：麦可思－中国2023届大学毕业生培养质量跟踪评价；中华人民共和国国家统计局。

表4　2018届各区域本科生毕业五年后样本人数分布与实际人数分布对比

单位：%

各区域	2018届本科毕业五年后样本人数比例	2018届本科毕业生实际人数比例
东部地区	39.1	39.1
中部地区	25.9	26.0
西部地区	24.2	23.9
东北地区	10.8	11.0

资料来源：麦可思－中国2018届大学毕业生五年后职业发展跟踪评价；中华人民共和国国家统计局。

附 录 技术报告

表5　2018届各学科门类本科生毕业五年后样本人数分布与实际人数分布对比

单位：%

本科学科门类	2018届本科毕业五年后样本人数比例	2018届本科毕业生实际人数比例
工学	35.4	33.9
管理学	18.0	18.2
文学	9.7	9.3
艺术学	8.4	9.7
理学	7.4	7.1
医学	6.0	6.3
经济学	4.8	5.8
法学	4.1	3.6
教育学	4.0	3.7
农学	1.2	1.8
历史学	<1.0	0.5
哲学	<1.0	0.1

资料来源：麦可思-中国2018届大学毕业生五年后职业发展跟踪评价；中华人民共和国国家统计局。

致　谢

《2024 年中国本科生就业报告》是麦可思第 16 部"就业蓝皮书",报告进一步对内容、结构、体例做出完善,以数据和图表来呈现分析结果,读者可以从自己的专业角度对某一数据或图表背后的因果关系进行深度解读。

特别感谢帮助完善本年度报告的高等教育管理者和研究者,在此不一一具名。报告中所有的错误由作者唯一负责。感谢读者阅读本报告。限于篇幅,报告仅提供部分数据,如需了解更详细的内容,请联系作者(research@mycos.com)。

Abstract

Chinese 4-Year Graduates' Employment Annual Report (2024) comprehensively analyzes the employment situation of the 2023 undergraduate graduates, revealing the trend of diversified and flexible employment choices for graduates under the pressure of the overall job market. Based on the tracking and evaluation of fresh graduates and mid-term graduates, the report deeply explores multiple dimensions such as the post-graduation outcomes, employment structure, employment quality, career development, further education, flexible employment, student quality and ability attainment, and satisfaction with the university of undergraduate students.

Firstly, the report shows that facing the record high of the number of graduates and the slowdown of macroeconomic growth, the employment choices of the 2023 undergraduate graduates tend to be flexible and diversified. With the cooling of the "postgraduate entrance examination fever", the growth rate of domestic postgraduate studies has slowed down to 17.6%, while the proportion of studying abroad has rebounded to 1.7%. Flexible employment has become a new trend, with the proportion rising to 5.1%, especially the proportion of Internet entrepreneurship has significantly increased. The trend of graduates returning home and non-major market employment is significant, and the employment ratio in central and western regions and prefecture-level and below cities continues to rise. In the steady development of the high-end equipment manufacturing industry, the demand for digital technology engineering and technical personnel has increased to 4.7%, showing the attractiveness of the high-end and intelligent transformation of the manufacturing industry to talents. The employment absorption ratio of small and medium-sized private enterprises has rebounded to 31%, with the proportion of equipment manufacturing continuing to rise.

Secondly, the report deeply analyzes the employment quality and career development status of undergraduate graduates. The monthly income of undergraduate graduates in 2023 reached 6050 yuan, exceeding the monthly disposable income of urban residents, with an actual increase of 5.2%. Engineering graduates had the highest starting monthly income among all disciplines, at 6709 yuan. Within five years, the salary growth potential of lawyers is the highest, reaching 178%, while the salary growth potential of private enterprises cannot be ignored, reaching 138%. The employment satisfaction of undergraduate graduates has increased to 78%, reflecting the effectiveness of government and school employment guidance, career planning services, and employment policies. Five years later, graduates from "Double First-Class" universities have more promotion opportunities, with a promotion ratio of 63% and an average promotion frequency of 1.0 times. In addition, the turnover rate of graduates remains at a relatively stable level, but the proportion of those who leaving due to low salary and benefits and high work pressure has increased. More attention should be paid to the healthy development of the workplace.

Additionally, the report focuses on talent cultivation in the fields of artificial intelligence and primary education, analyzing their compatibility with the development needs of key industries and important areas of social and public sector. The demand for artificial intelligence professionals has surged, but there is a significant mismatch between talent cultivation and industry demand. Universities face many challenges in AI talent cultivation and need to strengthen the industry-education integration, update course content, enhance practical teaching, and enhance students' innovation and academic research abilities. At the same time, the primary education sector is facing

Abstract

the challenge of teacher oversupply, but there is a big difference in the demand for primary education teachers between urban and rural areas. The training of primary education talents needs to better match the employment needs of different regions and disciplines, also need to improve the quality of teacher instruction, especially to strengthen practical teaching and teaching ability training to meet the new requirements of educational development.

Keywords: Undergraduate Graduates, Diversified Employment, Talent Cultivation, Artificial Intelligence, Primary Education

Contents

I General Report

B.1 Development Trends and Effectiveness of Undergraduate Employment

/ 001

Abstract: Faced with the overalls pressure of the job market, the employment trend of 2023 undergraduate graduates are more diversified and flexible. The "postgraduate fever" has cooled down, and the growth rate of domestic postgraduate studies has slowed down to 17.6% The proportion of full-time preparation has decreased, while the proportion of studying abroad has rebounded to 1.7%. The proportion of flexible employment has become a new trend, rising to 5.1%, especially the proportion of Internet entrepreneurship has significantly increased. In terms of employment structure, the trend of graduates returning hometown and decentralized market employment is notable, with the employment proportions in central and western regions and cities at the prefecture level and below continuing to rise. The steady development of the high-end equipment manufacturing industry has provided new employment opportunities for graduates, especially the demand for digital technology engineering and technical personnel has increased to 4.7%. The proportion of employment in small and medium-sized private enterprises has rebounded to 31%, with a continued increase in the share within the equipment manufacturing field. Talent cultivation in artificial intelligence and primary education needs to better match actual employment demands to meet the needs of societal and industrial development.

Keywords: Fresh Graduates, Employment Diversification, Employment Decentralization, Small and Micro Private Enterprises, Talent Supply and Demand Matching

II Sub-reports

B.2 Analysis of Undergraduates' Post-Graduation Destinations
/ 009

Abstract: Under the dual pressures of a record high number of graduates and a slowdown in macroeconomic growth in 2023, the employment concepts of undergraduates have tended to diversify, with an increase in the proportion of those pursuing freelance work and self-employment, while the willingness to take postgraduate entrance exams has weakened, leading to a decrease in the proportion of those preparing for postgraduate studies. Overall, the implementation rate of post-graduation destinations for undergraduate graduates (86.4%) has slightly increased compared to the previous year, with engineering majors having a higher implementation rate (89.4%) due to the high-end and intelligent transformation of the manufacturing industry and the construction of new types of energy systems. The proportion of graduates from "Double First-Class" universities continuing their studies has increased to 42.3%, reflecting the positive effects of educational policies and regional development strategies. The eastern region continues to provide abundant employment opportunities, while the development of the central and western regions also brings new opportunities for graduate employment.

Keywords: Employment Concepts, Flexible Employment, Implementation Rate of Post-Graduation Destinations, Engineering Majors, Undergraduates

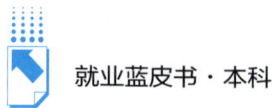
就业蓝皮书·本科

B.3 Analysis of the Employment Structure of Undergraduates

/ 028

Abstract: In 2023, the employment market for undergraduate graduates presents a new trend. The eastern region continues to attract more than half of the graduates with its industrial agglomeration and high-paying opportunities, accounting for as high as 51.1%. With the balanced development of the region and the change of employment concepts, the trend of graduates returning hometown and decentralized market employment is notable, and the employment proportion in prefecture-level and below cities has increased to 61%. Industries such as education, information, and construction are facing a decrease in employment opportunities, while the demand for digital technology talents in the high-end equipment manufacturing industry is steadily increasing. Private enterprises have become the core sector of absorbing graduates, and the employment proportion of private enterprises has rebounded to 54%. Small and medium-sized enterprises are also active, with 50% of graduates choosing to join enterprises with less than 300 employees, indicating their market importance and innovation potential. Professional warning analysis reveals that majors such as Microelectronics Science and Engineering, Electrical Engineering and Automation have become green card majors due to industry demand growth, while supply and demand contradictions such as music performance and law have led to their being listed as red card majors.

Keywords: Employment Decentralization, High-End Manufacturing, Small and Medium-Sized Enterprises (SMEs), Professional Early Warning, Undergraduates

B.4　Analysis of the Income of Undergraduates

/ 046

Abstract: The monthly income of 2023 undergraduate graduates reached 6050 yuan, exceeding the monthly disposable income of urban residents, with an actual increase of 5.2%. The monthly income of graduates from "Double First-Class" universities has increased significantly, highlighting the positive correlation between education quality and salary. Engineering graduates had the highest starting monthly income among all disciplines, at 6,709 yuan. The regional economic level and industrial structure have a significant impact on salaries, with higher salaries in the eastern region and first-tier cities. Electronic information majors and electronic and electrical equipment manufacturing industries have leading starting salaries and rapid salary growth. Within five years, the salary growth potential of lawyers is the highest, reaching 178%, and the salary growth potential of private enterprises cannot be ignored, with an increase of 138%. This indicates that graduates should consider salary, career development potential and personal career planning when choosing a career, and higher education institutions and policy makers should pay attention to the matching of talent training with market demand.

Keywords: The Returns to Education, Salary Growth, Professional Market Demand, Regional Economic Differences, Undergraduates

B.5　Analysis of the Employment Satisfaction of Undergraduates

/ 089

Abstract: The employment satisfaction rate of the 2023 undergraduate graduates has increased to 78%, reflecting the effectiveness of employment guidance and policy support. Graduates majoring in law and medicine have the highest employment satisfaction rate, both reaching 80%, followed closely by graduates majoring in art, science, engineering, and economics. In the long run, graduates majoring in education and literature have employment satisfaction rates of 85% and 84% respectively after five years, showing advantages in long-term Career Development. At the regional level, graduates in the eastern region maintain a leading position in employment satisfaction, while the improvement in the northeast region reflects the effectiveness of the revitalization policy in promoting talent attraction. Public sector jobs and digital industries have higher job satisfaction, while satisfaction in traditional manufacturing and service industries is relatively low. In addition, job satisfaction in government entities and public institutions exceeds that in private enterprises, which may be related to graduates placing more emphasis on job stability and welfare security.

Keywords: Employment Satisfaction, Employment Guidance, Employment Quality, Career Expectations, Undergraduates

B.6 Analysis of the Career Development of Undergraduates

/ 106

Abstract: The 2023 undergraduate graduates are facing the dual impact of market pressure and personal career expectations in terms of Career Development. The proportion of job choices related to their major has fluctuated slightly, dropping to 72%. Nevertheless, the job turnover Rate remains stable within six months after graduation, but the proportion of resignations due to salary, benefits, and work pressure has increased. Five years later, graduates from "Double First-Class" universities have more promotion opportunities, with a promotion ratio of 63% and an average promotion frequency of 1.0 times, showing advantages compared to graduates from local undergraduate universities. Graduates from majors such as management, economics, and engineering have outstanding performance in Career Development.

Medical graduates have the highest job stability with a turnover rate less than 15%, while art graduates have the highest job mobility with an job turnover Rate of 32%. The main reason for graduates leaving is the pursuit of higher salary, benefits, and personal development opportunities, with 42% leaving due to low salary.

Keywords: Career Development, Corresponding Employment, Job Promotion, Employment Stability, Undergraduates

B.7 Analysis of Undergraduates' Pursuit of Postgraduate Studies and Studying Abroad

/ 127

Abstract: The 2023 undergraduate graduates showed a rational attitude towards their choice of postgraduate studies. The proportion of domestic postgraduate students remained stable at 17.6%, while the proportion of graduates from "Double First-Class" universities increased to 37.3%. The intensified competition for postgraduate entrance examination has led to a decrease in the proportion of full-time candidates to 5.6%, and most students are second-time examinee. preparing for the exam for the second time. In terms of major selection, 73% of students choose majors related to their undergraduate majors, among which students from "Double First-Class" universities are more inclined to develop their original majors in depth. The study abroad market is gradually recovering, and the proportion of 2023 graduates studying abroad has risen to 1.7%, with higher proportions of economics, law, literature, art, and management. Among the overseas students, 76% chose to return to China, and the proportion of employment in state-owned enterprises increased, reflecting confidence in the domestic market. The improvement of education has a significant positive impact on the income and job satisfaction of graduates. The monthly income of those with improved education is 922 yuan higher, and the job

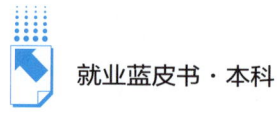

satisfaction rate is 85%.

Keywords: Choice of Postgraduate Study, Choice of Major, Study Abroad Market, Benefits of Academic Upgrading, Undergraduates

B.8 Analysis of Flexible Employment among Undergraduates

/ 146

Abstract: Among the 2023 undergraduate graduates, 5.1% chose flexible employment, an increase from 4.6% of the 2022 graduates, reflecting the change in graduates'career attitude and new market demands. Flexible employment includes part-time work, freelance work, and self-employment, among which the satisfaction rate of self-employment is as high as 84%, exceeding the average level of undergraduate students. Graduates from local institutions tend to prefer flexible employment, which may be related to employment competition. The proportion of flexible employment in the education sector has decreased, while the cultural and entertainment industry and retail industry, especially the new retail industry relying on digital technology, have become popular choices. Although self-employment faces high risks, graduates' willingness to start a business increase with experience accumulation. However, shortage of funds and lack of management experience are the main difficulties in entrepreneurship. Universities and policymakers need to provide more support, including hands-on teaching, entrepreneurship guidance and financial aid.

Keywords: Flexible Employment, New Forms, Digital Economy, Policy Guarantee, Undergraduates

Contents

B.9 Analysis of the Capabilities of Undergraduates

/ 153

Abstract: The undergraduate graduates of 2023 have shown steady improvement in basic work capabilities, with the satisfaction rate increasing from 85% of the class of 2019 to 89%, reflecting the adaptability of higher education to workplace demands. The average level of basic job skills mastered by graduates from "Double First-Class" universities and local undergraduate colleges reached 61%, highlighting the improvement of education quality and the strengthening of industry connections. Key abilities such as negotiation skills, decision-making, design thinking, problem-solving, and computer programming are considered important. Computer programming skills are considered practically important, but its satisfaction rate is relatively low and needs further improvement. Graduates have high demand for information search and processing and lifelong learning abilities, but there is a gap in satisfaction in actual work, reflecting the importance of continuous learning. In terms of literacy, there have been significant improvements in beliefs, compliance with laws and regulations, honesty and trustworthiness, while international perspectives and digital literacy need to be strengthened. Higher education institutions need to focus on these areas to cultivate graduates who are more adaptable to the challenges of globalization and digitalization.

Keywords: Student Quality and Ability Attainment, Computer Programming, Lifelong Learning, Digital Literacy, Undergraduates

B.10 Analysis of the Satisfaction of Undergraduate Graduates with the University

/ 177

Abstract: The satisfaction rate of the 2023 undergraduate graduates towards their alma mater remains high, reaching 95%, reflecting the effectiveness of universities in education services and quality. Teaching satisfaction has risen from 91% of the 2019 graduates to 93%, especially among "Double First-Class" universities and local undergraduate colleges, both reaching 93%, indicating an improvement in education quality. However, 37% of graduates believe that course content needs to be more practical and updated, reflecting the importance of synchronizing courses with industry demand. The satisfaction rate of core courses has increased from 79% of the 2019 graduates to 88%, and the curriculum settings of local undergraduate colleges are more in line with local economic and employment market needs. The frequency of teacher-student exchanges is more frequent in local undergraduate colleges, with art and education students having the most active exchanges with teachers. The satisfaction rate of employment guidance services has risen to 89%, and the effectiveness of job skills counseling services (93%) is high. Graduates mainly obtain their first job through professional websites and campus recruitment. The satisfaction rate of campus facilities continues to improve, supporting students' growth and success.

Keywords: Graduate Satisfaction, Course Practicality, Employment Guidance, Campus Environment Support, Undergraduates

Ⅲ Special Reports

B.11 Analysis of the Supply and Cultivation of Undergraduate AI Talent

/ 192

Abstract: With the acceleration of China's digital and intelligent transformation, the demand for artificial intelligence (AI) professionals has surged, but the current talent gap is as high as 5 million. Despite the rapid growth of the AI core industry scale to 500 billion yuan and the number of enterprises exceeding 4,300, there is a significant mismatch between professional talent training and industry demand. By 2023, although more than 500 universities will offer AI-related majors, there is a gap between the stock and demand of high-level talents, which cannot meet market demand. Graduates from traditional majors such as computer science and technology and software engineering are still the main source of AI positions. Universities face many challenges in AI talent training, including the disconnection between professional courses and industry applications, insufficient practical teaching, and insufficient industry-education integration. Therefore, universities need to strengthen the integration of production and education, update course content, enhance practical teaching, and enhance students' innovation and academic research capabilities. At the same time, higher education institutions should implement a classified and layered training strategy to meet the diverse needs of talents in the AI field.

Keywords: Artificial Intelligence, Supply and Demand Mismatch, Industry-education Integration, Categorized and Tiered Training, Undergraduates

B.12 Analysis of Primary Education Supply and Talent Cultivation Against the Background of Declining Student Numbers

/ 206

Abstract: With the continuous decline of birth rate in China, the primary education sector is facing the challenge of teacher oversupply. The number of primary school enrollments reached an 18.78 million peak in 2023, but the number of births continued to decline after 2016 to 9.02 million in 2023, indicating a reduction in the size of the primary school-age population in the future. Nevertheless, the number of full-time primary school teachers increased from 6.2691 million in 2019 to 6.6294 million in 2022, and the number of undergraduate teacher education enrollment also showed an increasing trend, indicating that there will be an oversupply of full-time primary school teachers in the next few years. Of course, there are still significant

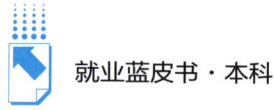

differences in the allocation of primary education resources between urban and rural areas and different regions. The student-teacher ratio in urban areas is higher than the national standard, and supply and demand matching should be done according to the scale of the school-age population and regional changes. However, with the improvement of teachers' educational level and the increase in the proportion of teachers with postgraduate degrees in the developed eastern regions, the competition for teaching positions among undergraduate teacher education students has intensified. To cope with these challenges, it is necessary to optimize the matching of education supply and demand, improve the quality of teacher training, especially strengthen practical teaching and teaching ability training, in order to adapt to the new requirements of educational development.

Keywords: Primary Education, Supply and Demand Matching, Academic Level Improving, Professional Training, Undergraduates

Appendix

Technical Report

/ 218

Acknowledgements

/ 224

权威报告·连续出版·独家资源

皮书数据库
ANNUAL REPORT(YEARBOOK) DATABASE

分析解读当下中国发展变迁的高端智库平台

所获荣誉

- 2022年，入选技术赋能"新闻+"推荐案例
- 2020年，入选全国新闻出版深度融合发展创新案例
- 2019年，入选国家新闻出版署数字出版精品遴选推荐计划
- 2016年，入选"十三五"国家重点电子出版物出版规划骨干工程
- 2013年，荣获"中国出版政府奖·网络出版物奖"提名奖

皮书数据库

"社科数托邦"微信公众号

成为用户

登录网址www.pishu.com.cn访问皮书数据库网站或下载皮书数据库APP，通过手机号码验证或邮箱验证即可成为皮书数据库用户。

用户福利

- 已注册用户购书后可免费获赠100元皮书数据库充值卡。刮开充值卡涂层获取充值密码，登录并进入"会员中心"—"在线充值"—"充值卡充值"，充值成功即可购买和查看数据库内容。
- 用户福利最终解释权归社会科学文献出版社所有。

数据库服务热线：010-59367265
数据库服务QQ：2475522410
数据库服务邮箱：database@ssap.cn
图书销售热线：010-59367070/7028
图书服务QQ：1265056568
图书服务邮箱：duzhe@ssap.cn

卡号：546276754136
密码：

基本子库 / SUB DATABASE

中国社会发展数据库（下设 12 个专题子库）

紧扣人口、政治、外交、法律、教育、医疗卫生、资源环境等 12 个社会发展领域的前沿和热点，全面整合专业著作、智库报告、学术资讯、调研数据等类型资源，帮助用户追踪中国社会发展动态、研究社会发展战略与政策、了解社会热点问题、分析社会发展趋势。

中国经济发展数据库（下设 12 专题子库）

内容涵盖宏观经济、产业经济、工业经济、农业经济、财政金融、房地产经济、城市经济、商业贸易等 12 个重点经济领域，为把握经济运行态势、洞察经济发展规律、研判经济发展趋势、进行经济调控决策提供参考和依据。

中国行业发展数据库（下设 17 个专题子库）

以中国国民经济行业分类为依据，覆盖金融业、旅游业、交通运输业、能源矿产业、制造业等 100 多个行业，跟踪分析国民经济相关行业市场运行状况和政策导向，汇集行业发展前沿资讯，为投资、从业及各种经济决策提供理论支撑和实践指导。

中国区域发展数据库（下设 4 个专题子库）

对中国特定区域内的经济、社会、文化等领域现状与发展情况进行深度分析和预测，涉及省级行政区、城市群、城市、农村等不同维度，研究层级至县及县以下行政区，为学者研究地方经济社会宏观态势、经验模式、发展案例提供支撑，为地方政府决策提供参考。

中国文化传媒数据库（下设 18 个专题子库）

内容覆盖文化产业、新闻传播、电影娱乐、文学艺术、群众文化、图书情报等 18 个重点研究领域，聚焦文化传媒领域发展前沿、热点话题、行业实践，服务用户的教学科研、文化投资、企业规划等需要。

世界经济与国际关系数据库（下设 6 个专题子库）

整合世界经济、国际政治、世界文化与科技、全球性问题、国际组织与国际法、区域研究 6 大领域研究成果，对世界经济形势、国际形势进行连续性深度分析，对年度热点问题进行专题解读，为研判全球发展趋势提供事实和数据支持。

法律声明

"皮书系列"(含蓝皮书、绿皮书、黄皮书)之品牌由社会科学文献出版社最早使用并持续至今,现已被中国图书行业所熟知。"皮书系列"的相关商标已在国家商标管理部门商标局注册,包括但不限于LOGO( )、皮书、Pishu、经济蓝皮书、社会蓝皮书等。"皮书系列"图书的注册商标专用权及封面设计、版式设计的著作权均为社会科学文献出版社所有。未经社会科学文献出版社书面授权许可,任何使用与"皮书系列"图书注册商标、封面设计、版式设计相同或者近似的文字、图形或其组合的行为均系侵权行为。

经作者授权,本书的专有出版权及信息网络传播权等为社会科学文献出版社享有。未经社会科学文献出版社书面授权许可,任何就本书内容的复制、发行或以数字形式进行网络传播的行为均系侵权行为。

社会科学文献出版社将通过法律途径追究上述侵权行为的法律责任,维护自身合法权益。

欢迎社会各界人士对侵犯社会科学文献出版社上述权利的侵权行为进行举报。电话:010-59367121,电子邮箱:fawubu@ssap.cn。

社会科学文献出版社